工贵其久

业贵其专

干部工作知识丛书

美国文官制度评介

楚树龙　唐　娜◎编著

党建读物出版社

目　　录

第一章　美国文官制度的形成历程

第一节　文官制度概述

一、文官及文官制度的概念界定

文官的英文为"Civil Service"，也称事务官或常任官员，是国家权力结构的重要组成部分。在美国行政、司法、立法三权分立的政治制度语境下，文官通常是指非选举产生的政府文职人员，既不包括须经参议院同意并由总统任命的官员，也不包括国会和州议会的雇员、各级法院的法官以及普通的工勤人员。① 他们必须参加公开的竞争性考试才能被录用，一经录用即受文官制度的保护，任职期限不受选举的影响，若非重大过失不会被解职，可一直工作到退休。

由于职务性质的不同，因此要将常任文官与政治任命官员严格区分开来。政治任命官员又称政务官，他们被直接任

① 胡晓东著：《美国（联邦）政府文官绩效管理体系研究》，光明日报出版社 2012 年版，第 13 页。

命，任职期限大体上与总统一致。文官与政务官在思维习惯、行为方式和责任机制上表现出明显不同的特征，根源在于政治与行政的根本价值分歧，区分的主要标准是责任机制不同，职业对文官的要求是忠诚执行命令，其角色必须符合各部门和机构的效率追求，具备专门的知识和技术，固守组织的各项规则并在法定的管辖范围内行使职权。①

建立现代文官制度的初衷是提高办事效率。在管理文官的过程中，逐步制定并完善的选拔录用、绩效考核、奖励惩戒、培训教育、晋升解职、激励保障以及职位分类等规章体系，称为文官制度，它从属于国家的政治体制和行政管理体制。

二、联邦制下的文官体系

美国是由 50 个州、华盛顿哥伦比亚特区和关岛、美属萨摩亚等海外领地组成的联邦制国家。美国宪法虽然强调联邦的地位高于州，但也规定两者实行分权，因此，两者的文官制度存在明显的互动关系。只有在介绍联邦文官制度的形成历史和发展情况的基础上，兼顾简括州—地方文官制度的确立和改革的情况，才能从时间和空间上较为全面地展现美国文官制度的面貌。

美国政府分为联邦、州、地方三个层级。除了联邦政府的外，50 个州也都有自己的文官制度。美国各州的人事

---

① 朱立言、卢丹、龙宁丽：《美国文官制度的变革与思考》，《公共管理学报》2010 年第 1 期。

机构虽然在立法基础、录用方法、工作程序、人员配置上的差异很大，但却执行着相似的职能，如文官的录用、职位分类、奖惩、培训、评估、监督、审计等。总体上看，大多数州使用人事部门或者人力资源管理局（办、部）的名称。在机构设置上，大部分州建立了独立的人事部门，也有个别州将其与更大的行政部门合署办公。从规模上来看，联邦文官的总数1816年为6327人，1917年达到50万人，1945年则增长到350万人左右。[①] 20世纪50年代之后，增速明显加快。2018年，文官总数约1960万人，其中联邦540万人左右，州—地方约1420万人。[②]

美国现代文官制度的形成与其历史文化背景关系密切，是为了适应行政管理活动的需要而确立的，经历了独立初期的个人瞻徇制时期（绅士治理政府时期）和政党分肥制时期，1883年颁布的《彭德尔顿法》奠定其基础，并在1978年吉米·卡特总统（1977—1981年在任）的改革后不断演进。

第二节　文官制度的萌芽

一、恩赐制和个人瞻徇制（1607—1829年）

恩赐制的产生具有特定的历史原因。在英国殖民统治

① Bureau of the Census, Historical Statistics of the United States 1789 - 1945, Social Service Review 23. 3 (1949): p. 381.

② 2018 Annual Survey of Public Employment & Payroll, https://www.census.gov/programs-surveys/apes/technical-documentation/methodology/annual.html. 美国联邦统计局关于联邦、州及地方文官的统计数字截至2018年。

时期，殖民者将封建性的官职恩赐制度带到了北美，并以总督为最高长官进行统治。他具有很大的专制权力，不仅可以否决议会的决定，而且有权任命法官、监察员、收税员以及管理民团的官员，并根据个人意志主宰这些人的去留和升降。①

为了反抗英国的殖民统治和剥削，中上层人士领导了独立战争，广大的农民和手工业工人也积极地参加进来，最终虽然使美国脱离了英国的殖民统治，但是并没有改变社会的阶级结构。

1776—1829 年的 50 多年间，即从美国独立到第六任总统约翰·昆西·亚当斯（1825—1829 年在任）卸任为止，史称绅士治理政府时期。所谓绅士治理政府，是指政府主要从有名望、受过良好教育、知识渊博的绅士中选拔有能力的、有品格的担任官员。② 由于这一时期用人均以党籍及个人关系为标准，官职成了某些人瞻恩徇私和私相授受的赠品，因此亦被称为个人瞻徇制时期。

从 1787 年 5 月 25 日至 9 月 17 日在美国费城召开的制宪会议就可以看出，参加会议的 55 名代表几乎涵盖了美国所有的开国元勋，他们当中有农场主、商人、银行家、高利贷者、船主，还有律师，其中大部分人都接受过大学教育。他们既是美利坚民族的代表，又是门第和财富的象

---

① 张兹暑：《美国建立和完善文官制度的历史进程》，《高校社科信息》2002 年第 3 期。

② 吴志华著：《美国文官制度的改革与转型》，上海交通大学出版社 2006 年版，第 11 页。

征。这次会议制定的联邦宪法，虽然未对官员的选用标准作出明确的说明，但在任命方面给予总统较大的自由度，不仅经参议院批准后有权任命高级官员，还可以在国会的授权下任命中下级官员。[①]

出身于富裕的农场主家庭、曾经担任大陆军总司令的乔治·华盛顿，凭借 8 年独立战争积累的荣誉和声望，被选为美国的首任总统（1789—1797 年在任）。他将门第和声望作为选拔官员的标准，从而使政府在混乱的局势中得到权威的支持。其继任者约翰·亚当斯总统（1797—1801 年在任）和托马斯·杰斐逊总统（1801—1809 年在任），对官员的选拔录用更加注重个人品德和能力资质，即家庭背景、社会地位以及是否接受过高等教育。[②] 而在当时，仅有约 2‰的社会精英能进大学。

这一时期，文官的选拔录用和晋升解职既没有法律规定，也没有专门的人事管理机构，更没有任何的监督和控制，完全依赖长官对候选人在道德品质和能力资质等方面的印象，以适合的品格和能力为标准。所谓适合，指被录用的文官的政治信念要与总统保持一致，必须“在他保证忠于新宪法的前提下，看他办事的能力如何”。[③] 他们有着相似的特点：由于出身、财富和能力资质而被认为是最适

---

① 曹绍濂著：《美国政治制度史》，甘肃人民出版社 1982 年版，第 335 页。

② David A. Schultz, et al., The Politics of Civil Service Reform. Peter Lang Publishing, Inc., New York, 1998.

③ ［英］维尔著：《美国政治》，王合、陈国清、杨铁均译，商务印书馆 1981 年版，第 202 页。

合治理国家的公众。[①]

这些文官由于综合素质较好且职位稳定，因此在美国独立初期的政府工作中发挥了积极的作用。但这种主张由上等人、有价值的人、有政治经验的人来治理国家的制度，排斥了很多非精英阶层的有能力的人，选贤任能的范围太小，使得当时的政府成为一个“上等阶级的政府”，削弱了治理的社会基础。[②]

那些曾参与独立战争的农民和手工业工人，原本希望胜利后能够获得经济和政治上的利益，以寻求自身地位的改善，但精英式的文官制度却彻底阻断了普通公众进入政府担任官职的途径，从而激起了他们的不满，很多地方因此发生了公众暴动。

从历史发展的角度来看，个人瞻徇制在美国独立初期是可行的和较有效率的，因为那时的联邦政府规模较小且管辖范围有限，如 1800 年的联邦政府只有大约 3000 名文官，主要职责是管理国防外交事务、货物贸易以及邮政服务。

二、政党分肥制（1829—1883 年）

政党分肥，亦称政党分赃，最早由纽约州的联邦参议员威廉·马西提出，主要指政治上竞争获胜的党派，可以

---

① ［美］施密特、谢利、巴迪斯著：《美国政府与政治》，梅然译，北京大学出版社 2005 年版，第 305 页。

② Paul P. Van Riper, History of the United Civil Service. Row, Peterson and Co. Evanston, Illinois, 1958.

将行政职位分配给本党成员。[①] 在资本主义国家的议会选举中，“一旦某一政党或某些政党，单独或联合形成多数党而上台执政，职位就成了它们手中的战利品。执政党一上台便重新组织政府，这种在政党内公开地瓜分职位的活动，史称‘政党分赃’。”[②]

1801 年，联邦党[③]人总统约翰·亚当斯竞选连任失败，便在卸任前夜的数小时内任命了一批本党人员担任政府重要职务，出现了“午夜法官”的现象，开了政党分肥制的先河。随后上台的民主共和党[④]人托马斯·杰斐逊，立即撤换了这批文官，由此引发了著名的“马伯里诉麦迪逊案”。[⑤] 1829，安德鲁·杰克逊总统（1829—1837 年在任）明确提出“敌人的赃物应该属于胜利者”“职位应该属于

① 何艳玲：《公共行政学史》，中国人民大学出版社 2018 年版，第 31 页。

② 周敏凯著：《比较公务员制度》，复旦大学出版社 2015 年版，第 6—7 页。

③ 联邦党，1795 年由美国第一任财政部长亚历山大·汉密尔顿成立，代表东北部大资产阶级、大商人等利益，主张对宪法从宽解释，建立一个中央集权的政府。曾于 1797—1801 年短暂执政。此后，该党组织松散，内部倾轧，并在 1812—1814 年的美英战争中采取亲英立场，图谋分裂联邦，因而激起民愤，导致一蹶不振，直至 1817 年消亡。

④ 民主共和党，美国建立最早的政党，由反联邦党人于 1791 年建立，领导人为时任国务卿托马斯·杰斐逊，故又称杰斐逊共和党。1792 年，势力迅速扩大，1801 年后连续四任总统都出自该党。19 世纪 20 年代，分裂为国家共和党和民主共和党，前者存续不到 10 年便解体，后者在 1840 年举行的第 3 次全国代表大会上，正式更名为民主党。

⑤ 为削弱竞争对手的势力，约翰·亚当斯在卸任的前一天（即 1801 年 3 月 3 日）夜里，批准了对 42 位治安官的任命，他们被戏称为“午夜法官”。由于换届匆忙，有 17 份委任状未及时送出，新任总统托马斯·杰斐逊随即予以扣留，并示意詹姆斯·麦迪逊将其作废。威廉·马伯里就是其中的一位，因而将詹姆斯·麦迪逊告上了法庭。

选举的胜利者”等口号,[1] 公开实行政党分肥制。

直至1883年，历任总统都把这种以党派关系为标准分配职位的制度，作为酬谢支持者、录用亲信和控制联邦政府人事的工具。通过政党分肥制，新当选的总统不仅能够缓解党内矛盾，加强党内团结，还可以把文官置于本党的控制下，将各部门和机构掌握在自己人手中，从而确保政府的统一和文官的团结，达到巩固自身地位的目的。[2]

政党分肥制在美国存在了半个多世纪，其产生和发展具有深刻的历史原因。

第一，职位轮换制度和《职位任期法》是实行政党分肥制的制度基础和法律基础。早在英国殖民统治时期，为了防止专制压迫，某些地区就存在公众轮流担任文官的现象。1820年5月15日，美国通过了《职位任期法》，规定联邦文官的任职期限为4年。“若在1814年9月30日之前担任公职的，任期截止到1820年9月30日；若在1814年10月1日至1816年10月1日期间任职的，任期截止到1821年9月30日；其他文官，只要任期已满4年就必须离职。”[3] 文官与总统的任期同步，时间一到，即自动离职。

---

① John A Garraty and Robert A McCaughey, The American Nation: A History of the United States, Harper & RowPublishers, 1987: p. 267.

② ［美］詹姆斯·麦格雷戈·伯恩斯著:《民治政府——美国政府与政治》，吴爱明、李亚梅译，中国人民大学出版社2007年版，第410页。

③ 转引自曹景文的《美国政治与文官分赃制的演变》，《遵义师范学院学报》2014年第2期。

第二，州—地方政府的实践为联邦政府确立政党分肥制积累了经验。随着美国北部和西部的州逐步废弃个人瞻徇制，预示着联邦政府推行政党分肥制的时机已经成熟。此外，为了筹集到日益增加的竞选费用和获得尽可能多的选票支持，当选总统及其追随者需要通过职位分赃的方式兑现许诺。

第三，文官选拔录用体系不民主和公众选举权的逐步扩大是实行政党分肥制的现实要求。不同于那些门第显赫、受教育程度较高、政治经验丰富的前任，代表平民阶层的安德鲁·杰克逊在竞选总统时，曾将文官轮流任职作为反对贵族统治、争取选民支持的政治武器。[①] 他指出，录用文官的唯一目的是为了公众的利益服务，没有人生来就有权担任公职；当一个人获得此项权利时，就要成为公众利益的守护者；只有公众才有权利去罢免不称职的文官；一旦被解除公职，就和公众一样，成为国家的普通一员；虽然解职会造成一定程度的生活贫困，但是共和的原则就是促进职位轮换，唯有如此，国家才会越来越好。[②] 这种观点迎合了那些逐步获得选举权和被选举权而又不满精英治国、渴望通过自身努力实现政治抱负的公众的诉求，因此，政党分肥制在确立初期便得到了广大公众的支持和拥护。

然而，产生于两党激烈竞争之后的总统，难免会把文官的选拔录用与党派斗争和个人利益相联系，因而具有明

---

① Robert V. Remini. Andrew Jackson. Palgrave. Macmillan. Press. 2009 : p. 6.

② Paul P. Van Riper. History of the United States Civil Service, Row, Peterson and Company, 1958 : p. 89.

显的弊端，首先，选拔录用只重视党派出身而忽视实际才能，导致联邦文官的政治化倾向，助长了投机钻营的风气，很多有真本事的人反而得不到重用。其次，总统更迭带来的文官大量替换导致党派相互倾轧，文官利用职权为所属政党谋利，造成政府的周期性人事动荡。再次，文官队伍非常不稳定，人事管理缺乏连续性，难以回应日益复杂的行政事务对文官职业化和专业化的需求，使文官的综合素质和政府的工作效率下降。最后，机构臃肿、人浮于事，文官为了在短暂的任期内充分用好手中的权力而大量贪污腐败，严重削弱了政府的职能。

正如尤里西斯·格兰特总统（1869—1877 年在任）任命的文官制度改革领袖乔治·柯蒂斯评价的那样，每隔 4 年，整个联邦政府会被撕成碎片，给人留下荒谬、反感和沮丧的印象。国家事务和立法都从属于政党对赃物的分配，总统、部长、两院议员被跟踪、追逐、遏制、恳求和谴责，沦为纯粹的职业掮客。国家因而充满了阴谋和腐败，经济、爱国主义、诚实和荣誉则变得毫无意义。①

恩格斯对此也曾有过深刻的论述："正是在美国，……轮流执政的两大政党中的每一个政党，又是由这样一些人操纵的，这些人把政治变成一种生意，拿联邦国会和各州议会的议席来投机牟利，或是以替本党鼓动为生，在本党胜利后取得职位作为报酬。……而国民却无力对付这两大

① U. S. Office of Personnel Management. Biography of an Ideal: A History of the Federal Civil Service. http://www.opm.gov/BiographyofAnIdeal/.

政客集团，这些人表面上是替国民服务，实际上却是对国民进行统治和掠夺。”①

第三节　现代文官制度的初步确立

一、《彭德尔顿法》的颁行与功绩制的形成

美国现代文官制度集中表现为功绩制，其理论基础是传统的公共行政两分法。1883 年，国会通过了《调整与改革美国文官制度的法律》（又称《彭德尔顿法》），标志着政党分肥制的正式结束，以公开竞争考试、择优录用为原则的功绩制开始建立。由此，通过将行政从政治中分离出来，建立起了政务官和文官两套管理体系。② 该法在颁布以后的近百年时间里，虽然多次修改，但始终是美国现代文官制度的基本法律。

（一）组建管理机构和功绩制的出现

1. 文官委员会的产生

《彭德尔顿法》规定，经参议院同意，总统有权成立 3 人的文官委员会，但来自同一政党的不能超过 2 人，且在其他部门和机构没有任职；可以罢免委员，并采取任命的方式填补职位空缺。文官委员会的职责主要是：

（1）协助总统拟写有关文官的法律文件，督促贯彻落实。

---

① 《马克思恩格斯选集》第 3 卷，人民出版社 2012 年版，第 54 页。

② 朱立言、卢丹、龙宁丽：《美国文官制度的变革与思考》，《公共管理学报》2010 年第 1 期。

（2）组织实施涉及文官管理的项目（如选拔录用、绩效考核等），提出要求，严格流程，强化监督，确保一致性、系统性、公平性。

（3）开展法律实施情况的调查，可定期组织综合考察，汇报进度和效果；了解和评估文官的行为表现，给予相应的结论。

（4）每年考察文官制度的执行情况，并向总统和国会提交改进意见，供参考决策。

（5）制定规章制度和有效的免责条款，解释说明其作用。

（6）批准任何有利于完成文官改革任务的建议。

2. 功绩制要求的提出

《彭德尔顿法》将功绩制的要求融入各项具体的规定中：

（1）文官的录用和晋升必须向社会发布通知，竞争性考试要公开进行并选用成绩优秀者；各阶层均可报考任何一个职位，不用考虑等级、种族、宗教和地域的因素。

（2）文官不得因党派关系被免职或解雇，确保他们不会成为政党或利益集团的营私工具。

（3）文官禁止参加竞选和接受金钱。

（4）考试内容应注重实际工作所需的能力和知识。

（5）须有试用期，考核称职后才能被正式录用。

（6）因公受伤者继续享受法定的权利。[①]

---

① 潘晨光编著：《国外人力资源发展报告》，中国林业出版社 1998 年版，第 3 页。

（二）规定现代文官制度的基本原则

《彭德尔顿法》第一次确立竞争考试、职务常任以及所谓的“政治中立”3 项原则，奠定了美国文官制度的基础。

1. 竞争考试原则

开创了美国以功绩制为基础管理文官的历史。最突出的特征是：在选拔录用和晋升时，不再依照政治或其他因素，而是通过竞争考试来客观考察素质和能力。这样既能较为准确地掌握文官的基本素质，又可以提供更加多元的和公平的选拔渠道。

2. 职务常任原则

即保障公职的连续性。文官无重大过错，不得随意解雇，具有相对可靠的“职业保险”，使国家管理不会因为总统和政党的变化而导致混乱，从而确保统治秩序的稳定。①

3. 所谓的“政治中立”原则

第一次将文官与政治分离，能够作为独立的行政力量发挥作用。文官必须绝对服从行政首长，不得主动和被迫参加政治活动或提供政治捐款，保持所谓“完全”的“政治中立”。这在一定程度上限制了政治对行政的渗透，减少了政党对文官的影响，避免了两党制给行政运行带来的内耗，为克服政府的低效率和保证行政管理的连续性提供了法律依据。

二、法律法规体系的建设

从《彭德尔顿法》开始，直至 20 世纪 50 年代，美国

① 徐华娟：《美国文官制度的历史变革》，《学习时报》2012 年 10 月 15 日。

的历届国会与历任总统都善用法律手段来推动文官制度的不断演进。

《1923年职位分类法》的出台，建立起系统的分类绩效考核制度；随后通过的《1949年职位分类法》，停止了原有的5种分类方法，简化了职位和工资的级别，还设立了高级文官序列。1920年颁布的《文官退休法》，分别在1926年和1930年进行了修订，联邦文官的退休制度得以建立并逐步发展。1938年和1945年先后通过的《公平劳动标准法》和《联邦政府雇员工资法条例》，详细规定了文官的工资待遇；1950年通过的《绩效评估法》，确定了评估的工作内容和绩效的具体标准；1962年通过的《联邦工资改革法》，提出要比照私营组织的标准来制定政府部门的级别工资；1970年通过的《联邦工资可比性法》，确立了文官应与私营企业同级同等报酬的原则，扩大了总统对工资的裁量权，总统可自行拟订年度级别工资可比性标准，无须事先征得国会同意。1958年通过的《政府雇员培训法》，规范了文官的培训教育及其经费的安排。

这些法律法规以《彭德尔顿法》为基础，从不同的方面进行了补充和延伸。[①] 在此过程中，美国的现代文官制度得以确立起来。

三、州现代文官制度的形成

可分为两个阶段：1883—1939年的自发改革阶段，

---

① 杨秀云：《美国文官制度发展历程》，《安庆师范学院学报》（社会科学版）2009年第8期。

1940 年以后的联邦政府引导下的改革阶段。

（一）自发的改革阶段

1. 早期探索

受到《彭德尔顿法》的影响，部分州主动推进文官制度改革。纽约州议会最先效仿联邦，颁布了《纽约州政府文官改革法》，也设立了文官委员会，管理州文官的竞争考试和选拔录用等事宜。1884 年，马萨诸塞州通过了文官改革法。此后，改革便受到反对者的极力阻挠，并未持续推进。许多州虽然提交了改革法案，但没有得到州议会的同意，因此无法成为法律，如威斯康星州、宾夕法尼亚州、伊利诺伊州、马里兰州、新泽西州、罗得岛州、俄亥俄州、弗吉尼亚州、印第安纳州、密苏里州和加利福尼亚州等。①

2. 逐步拓展

进入 20 世纪，文官的滥用权力和腐败行为激起了普遍不满，州一级的改革再次兴起。1905 年，威斯康星州和伊利诺伊州通过法律，开始推进改革。1907 年和 1908 年，科罗拉多州与新泽西州分别出台了相关的法律，加快了改革的步伐。1913 年，康涅狄格州、加利福尼亚州和俄亥俄州将改革纳入议事日程。堪萨斯州和马里兰州也于 1915 年和 1920 年先后加入。②

---

① Curtis R. Berry. Developments in Personnel/Human Resources Management in State Government. Handbook of State Government Administration. Marcel Dekker, Inc., 2000: p. 193.

② Curtis R. Berry. Developments in Personnel/Human Resources Management in State Government. Handbook of State Government Administration. Marcel Dekker, Inc., 2000: pp. 193 – 194.

上述实践，为联邦和其他州—地方的改革提供了参考。以职位分类制度为例，芝加哥市1905年出台了以职位为分类依据的规定；1908年推行职位分类计划，根据同工同酬原则制订工资计划；1912年将修订职位分类规定列为文官改革计划的一部分。之后，纽约市和马萨诸塞州分别于1917年和1919年推行了职位分类制度。随着覆盖面的不断扩大，该制度得以在全国各地逐步推行。①

3. 曲折前进

20世纪30年代中期迎来了自发改革的第三次高潮，1935年，受公共服务人员调查委员会研究报告的影响，各州着手建立职业化的文官制度，目的是扩展与改进相关体制，以吸引更多高素质的人才进入政府工作。为此，1937—1939年，不少的州颁行了功绩制的法律，如缅因州、密歇根州、康涅狄格州、亚拉巴马州、明尼苏达州、新墨西哥州、罗得岛州和宾夕法尼亚州等。

然而，改革再次出现波折，堪萨斯州和阿肯色州分别于1922年和1939年废除了文官法；康涅狄格州先于1921年撤销文官改革法，后又在1937年重新施行。②

（二）联邦政府引导下的改革阶段

20世纪30年代，罗斯福新政逐步发挥作用，极大地改变了原有的联邦体制。联邦政府不断加大干预力度，州文

---

① 石庆环：《20世纪美国联邦政府行政改革的历史考察》，《史学集刊》2008年第6期。

② Austin F. Macdonald. American State Government and Administration. Thomas Y. Crowell Company, 1940: p. 336.

官制度的改革亦受此影响。

1. 单一模式的推动

联邦政府先通过拨款、援助等手段吸引各州施行功绩制，再以此为突破口，促使它们加快改革进程。

1939 年修订的《社会保障法》首次规定，只有以补助金作为工资来源的州辖部门实行了功绩制，才能从联邦政府那里得到这笔钱。后来，附带条件的补助项目越来越多，并向社会保障以外的领域扩展，使功绩制在各州迅速确立起来，如路易斯安那州、俄勒冈州、印第安纳州等。对尚不准备接受功绩制的州，联邦政府进一步修订该法，通过不遵守法律规定就不拨款的方式，迫使它们首先从社会保障和公共服务开始实行；对那些只在部分领域接受功绩制的州，联邦政府不断促其拓宽。

2. 多措并举的引领

针对改革缺乏统一规划且领域不广泛的问题①，联邦政府积极干预和引导，各州也顺应形势主动作出调整，着力规范体制，使功绩制逐渐居于主导地位。1939 年以后，联邦政府一方面促使各州扩大功绩制的覆盖范围，另一方面严格规范功绩制标准的执行要求，在 1948 年和 1963 年修订的法律中，对选拔录用标准、申诉标准、结社权利、培训标准作出了规定，涉及州—地方政府 15%—20% 的文官，当时约 58. 7 万名。

---

① Austin F. Macdonald. American State Government and Administration. Thomas Y. Crowell Company, 1940: pp. 336 - 337, 340 - 341.

联邦政府除了督促各州推行与功绩制直接相关的法律外，其颁布的若干法律也间接影响了各州的文官制度。因为各州与联邦在改革中面临许多相似的问题，彼此影响，所以前者或多或少地参考了后者的措施。

总之，通过努力推动，大部分州完成了文官制度的改革。根据人事管理署 1979 年的统计，有 35 个州完成了改革，剩下的 15 个州也迫于压力在某些领域作了调整。①

第四节　现代文官制度的改革和演进

一、《1978 年文官改革法》的实施及其调整的内容

20 世纪 60 年代以来，美国经济社会发生了明显的变化，政府管理权限不断扩大，文官队伍持续膨胀，使得《彭德尔顿法》已不适应这种形势，改革成为必然要求。在吉米·卡特总统的积极推动下，国会通过了《1978 年文官改革法》，该法对《彭德尔顿法》既有继承又有发展，强调用工资来提高积极性，并保护揭发政府工作缺点和弊端的文官；核心是实行按劳分配，以此激活绩效考核制度，保证政府运行的高效和有序。

（一）基本原则和禁止性事项的设立

1. 基本原则

《1978 年文官改革法》第一次以法律的形式确立了联

---

① Advisory Commission On Intergovernmental Relations. The Question of State Government Capability. Government Printing Office, 1985: pp. 161 - 164, 168.

邦政府人事管理制度应遵循的 9 条功绩制原则，力图摒除“重职不重人”“重资历不重表现”的弊端。

（1）应录用不同背景的符合任职资格条件的申请人，以使文官来自各个阶层。筛选和录用应采取公平、公开、公正的方式，以能力、知识和技术为基础，提供人人享有平等权利的机会。

（2）在人事管理方面，文官应得到公平、公正的对待，而不考虑种族、肤色、宗教、出生地、性别、婚姻状况、年龄、身体缺陷状况，但要适当照顾他们的隐私和宪法赋予的权利。

（3）坚持同工同酬的原则，参考私营部门的工资水平，对表现突出的文官给予奖励。

（4）文官应诚实守信、举止端庄且关心公共利益。

（5）应该有效率和有效益地使用联邦文官。

（6）文官有责任保持适当的绩效水平，没有达到的应积极改善工作方式，不能或不愿提高业绩以达到标准的要解雇。

（7）加强培训教育，以提高组织和个人的绩效。

（8）保护文官不受专横行为、个人偏袒的侵害，禁止文官使用权力干预和影响提名或选举的结果。

（9）文官结合自身情况合法披露下列行为时，应保护其不受报复：一是违反任何法律、法规或规章的行为；二是管理不善、大额资金浪费、滥用职权或对公共健康和安全形成实质性的、特殊危害的行为。

2. 禁止性人事行为

《1978 年文官改革法》列出了 12 种。

（1）歧视（包括基于婚姻状况和政治关系的歧视）。

（2）根据个人知识、工作能力以外的因素选拔录用。

（3）对拒绝参加政治活动的文官进行报复。

（4）欺骗或者故意阻碍他人参与竞争录用。

（5）为改善或损害其他人的录用前景而影响任何人退出职位竞争。

（6）为改善或损害特定文官的录用前景而给某人未经授权的偏爱。

（7）搞裙带关系。

（8）报复揭发弊端的文官。

（9）报复行使申诉和投诉权利的文官。

（10）由于一种并不影响其绩效的行为而歧视某一文官（包括性别的歧视）。

（11）采取违反退伍军人优先权的人事行为。

（12）采取违反体现功绩制原则的法律、法规和规章的人事行为。[①]

（二）管理机构的调整

改革前，文官委员会独揽联邦文官管理事务，机构庞杂、职责众多，统揽决策、执行与监督三权。改革后，该部门被取消，其职能由新成立的人事管理署、功绩制保护委员会、联邦劳工关系局分担。

---

① James McGrath. Federal Civil Service Reform: The Federal Management Project and Proposed Changes in the Federal Civil Service System, Library of Congress, March 30, 1978. Mark W Huddleston & William W Boyer. The Higher Civil Service in the United States: Quest for Reform. University of Pittsburgh Press, 1996: p. 95.

1. 人事管理署

人事管理署是从事联邦文官管理领导工作的独立机构。作为美国最高级别的人事管理部门，人事管理署直接向总统报告，不受总统办公室的管辖。人事管理署设置署长1人、副署长1人、助理署长5人，实行署长负责制；署长任期4年，由总统咨询参议院的意见后任命。美国联邦人事管理署是当今世界规模较大的中央人事管理机构之一，下有8个内设机构、5个局以及5个地区办事处和38个地方办公室。主要职能是：辅助总统管理联邦文官，行使原来文官委员会的大部分职能，包括考试录用、培训教育、绩效考核及激励保障等；讨论行政、立法、司法等部门的文官管理政策，协助制定并执行文官管理政策；审查获得授权的部门和机构负责人的文官管理权力；协助参加相关国际组织的工作；等等。此外，各部门和机构一般都设有人事管理机关，对其领导负责，但受人事管理署的指导和监督。主要职能是：依照联邦法律法规，负责本部门和机构文官的特殊考试、录用、考核、晋升、退休退职、解雇、统计、培训教育等具体事务。

2. 功绩制保护委员会

功绩制保护委员会是相对独立的机构，经参议院同意后，由总统任命的3名委员组成；委员任期7年，受到法律保护，除非不称职、失职或渎职，否则不得撤换；主席兼任特别监督官，由总统从委员中产生，任期5年。委员会下设1名人事行为特别顾问、数名行政法官和11个地区办公室。主要职能是：向国会和总统汇报文官管理工作；

监督功绩制实施情况，通过司法职能废除违反功绩制原则的政策，保护进行正当揭发的文官；审查联邦人事管理部门制定的规章是否违反法律和功绩制原则，监督各部门和机构的文官管理；处理人事诉讼案件，纠正对文官的不公平待遇，给予违法违规者纪律处分。

3. 联邦劳工关系局

作为联邦政府的独立机构，联邦劳工关系局取代了原先的联邦劳动关系会，它由 3 名委员组成，下设总顾问和行政法官。委员和总顾问人选均由总统根据参议院的意见进行任命，任期 5 年。主要职能是：监督、调查、发布和执行有关的法律法规；确认某个谈判组织是否代表文官的利益，以及能否促进部门和机构效率的提高；保证工会是唯一的谈判代表；制定全国性协商的规则；决定是否举行集体谈判；召开听证会；依法处理当事人对裁判提出的抗议。

除以上部门外，还有一些机构也分担着相关的职责。例如，平等就业机会委员会负责监督与平等就业有关的法律的落实情况；国会下属的调查性组织——联邦审计总署负有监督文官制度执行的责任，并且每年必须就人事管理署的工作向国会提交报告；参议院政府事务委员会、众议院政府改革与监督委员会均有权审查联邦文官的选拔录用情况；等等。①

---

① ［美］菲利普·J. 库珀等著：《二十一世纪的公共行政：挑战与改革》，王巧玲、李文钊译，中国人民大学出版社 2006 年版，第 268 页。

（三）高级文官制度的建立

这是《1978 年文官改革法》的一项重要举措。高级文官也称高级行政人员，指一般行政职类序列 16、17、18 职等的文官。由于他们介于政务官和文官之间，具有职位高、责任重、风险大等特征，因此有必要单独分离出来，并建立相应的规则和政策实行统一管理。

1. 工资待遇遵循“级随人走”的原则

高级文官无论从事哪一层次的工作，原有的等级和待遇都保持不变，有利于解决人员流动僵化、岗位转换困难的问题，从而打通在部门内或机构间灵活调动的渠道，解除了后顾之忧。

2. 任职资质由用人单位制定并报人事管理署审核批准

高级文官职位的申请需先由部门和机构审查通过，再由人事管理署确认并颁发证书，试用 1 年合格后，才会正式录用。

3. 实行独立的绩效评估制度

由各部门和机构负责制定，对不能达到合格标准的高级文官，按照法定程序免除资格，降职处理，甚至解雇。

4. 较为丰厚的收入

与工作面临的高风险相对应，高级文官除享有较高的基本工资外，联邦政府还对有杰出表现的进行高额奖励，如《1978 年文官改革法》中就规定了不同档次的年度绩效奖。

（四）功绩考核制度的进一步充实

不能笼统地按照考绩表评价，要根据工作性质和职位内容确定考核标准，从能力素质和发展潜力两个方面来进行考核。前者是指工作中必须具备的专业知识、统筹能力、管理技巧、智力情况、协调沟通能力等，后者是指担任更高职位的潜在能力。在此基础上作出奖励、提升、降级、留用、重新安排工作、解雇等人事决定。若第一次考核不合格，在依法给予时间和机会改进后，第二次仍不达标，才能作出降级或免职的处理。同时，中级文官也效仿高级文官，建立了以绩效为基础的工资制度。中级文官是指一般行政职类序列 13、14、15 职等的文官，实行年薪制，分为基础工资和绩效工资两部分。联邦政府每年都给予有杰出贡献的文官现金奖励，额度与绩效工资挂钩。

二、20 世纪 80 年代以来的持续变革

《1978 年文官改革法》实施后，文官制度不断发展，在罗纳德·里根（1981—1989 年在任）、乔治·布什（老布什）（1989—1993 年在任）、比尔·克林顿（1993—2001 年在任）、乔治·沃克·布什（小布什）（2001—2009 年在任）、贝拉克·奥巴马（2009—2017 年在任）和唐纳德·特朗普（2017 年至今在任）的总统任期内，都不同程度地推动了改革。

（一）里根政府时期

罗纳德·里根总统为提高运行效率，对联邦政府和文官进行了改革。1982 年，组建格雷斯委员会，负责从成本和预算控制的角度设计方案；成立管理与行政内阁委员会，专门研究和处理人事领域的问题。

里根政府的主要改革举措有：第一，1984 年，以立法的形式确立了绩效管理和奖赏制度，取代 1978 年后推行的

功绩工资制，这也是联邦文官管理第一次正式使用“绩效管理”概念。功绩工资制容易出现不同部门和机构工资不均、差距过大的问题，而绩效管理和奖赏制度由联邦政府集中管理，能够避免出现上述问题。第二，1987 年，开始施行联邦雇员退休金计划，它由社会养老保险、职业年金和个人储蓄养老保险三部分组成，同时宣布废止 1920 年的文官退休制度。第三，实行“家庭—友好”互助政策。[①]一些部门和机构启动了试点项目，允许文官将未使用的年假和病假转让给患有严重疾病或者需要照顾家庭病人的同事；1988 年通过的《联邦雇员分享法》，使该项目扩展到整个联邦政府。

（二）老布什政府时期

老布什总统积极探索文官制度的改革，1989 年，颁布了《举报人保护法》，旨在进一步保护提供有关浪费、欺诈、滥用权力等信息的文官。1990 年，国会通过了《联邦雇员工资可比性法》，试图摆脱联邦政府难以招募到优秀人才的困境，这是因为高级文官的工资水平低于私营部门同级别的人员。此外，国会曾试图通过一项允许联邦文官参加政党活动的修正案，但由于种种原因没有成功，直到克林顿政府时期才获得通过。

（三）克林顿政府时期

1993—2000 年，比尔 · 克林顿总统发起了持续 8 年的

---

① 吴志华著：《美国公务员制度的改革与转型》，上海交通大学出版社 2006 年版，第 24 页。

“重塑政府”运动，被称为“重塑人力资源管理”的文官制度改革是其中的重要组成部分。由此，美国朝着以人力资源战略管理为特征的改革方向迈进。1993 年 3 月，比尔·克林顿总统成立国家绩效评审委员会。6 个月后，该委员会提交了由 1 个总报告和 38 个附加报告组成的关于全面重塑联邦政府的系列报告，其倡导的“政府绩效评估”计划，成为行政改革的纲领性文件，并从消除官僚主义，引入竞争机制，增强文官的主动性、创造性和责任感，精简政府机构、人员和活动 4 个方面提出了 130 余项建议，主要目标是少花钱、办好事，重点是政府的行政程序、运行方式和文官管理。①

1. 选拔录用制度的改革

美国传统的文官招募、筛选或考试、录用程序复杂、耗时且缺乏灵活性，不仅发挥不了作用，还可能造成不公平竞争的后果。为此，“重塑人力资源管理”运动采取了 4 个方面的改革措施。首先，理顺职权体制的责任关系，主要是重新界定人事管理署与联邦各部门和机构的角色，改变集中统一规划的模式，通过授权，形成以部门和机构为主体的选拔录用制度；其次，实行任职资格的弹性化管理，根据不同部门和机构的不同岗位灵活制定政策；再次，开放流动渠道，打破类别限制，允许非永久性职位的文官竞争永久性职位；最后，进行分类改革，把纳入竞争性考试

① 吴志华著：《美国公务员制度的改革与转型》，上海交通大学出版社 2006 年版，第 60 页。

的职位分为 3 类：享受所有福利的永久性职位、非永久性职位（模糊性临时职位）、任期不超过 1 年但可以延续 1 年享受有限福利的职位。

2. 职位分类制度的改革

这是此次改革的关键议题。美国原有的制度存在职位分类与机构的目标不一致、烦琐复杂的职位分类与政府精简流程的宗旨不一致、缺乏弹性的分类规则与适应变化的要求不一致等问题，新的制度力图建立一个以机构使命为导向、合理平衡弹性与规则和易于管理的体系。

3. 工资制度的改革

改革前，美国联邦文官普遍对偏低的工资不满。原有的制度未完全发挥吸引和激励作用，相对于政府外部来说，文官容易流向私营部门；相对于政府内部来说，工资与绩效相关度低导致工作积极性不高。而改革举措有两种：一种是优化工资结构，对以往的多等级和窄幅度的工资等级序列进行重新整合，如 20 世纪 80 年代借鉴“宽带工资”的理念拓展工资的弹性空间；另一种是借鉴私营部门的做法，以绩效工资为补充，根据绩效确定工资，多层次扩大工资的激励空间。

4. 绩效评估制度的改革

虽然在理论上可以论述文官绩效评估的重要意义，但在实践运用时却会产生许多复杂的问题或负面的影响，使其失去应有的作用。为了解决理论与实践相互矛盾的问题，应授权各部门和机构形成符合实际的绩效管理项目和评估标准。要实现这一目标，需遵循以下基本原则：必须以服务部门和机构以及文官的绩效为目的；文官或者工会代表应参与绩效计划的统筹管理、指标设计、评价方式和奖惩规则等环节；绩效管理要考虑全局和长远；绩效评估可设计梯度和区分度，分为称职和不称职类别。

（四）小布什政府时期

小布什总统上台以后，推行“总统管理议程”改革方案，实施灵活的政策和试验项目，加快文官制度的现代化转型。这次改革确立了4项基本要求：坚持原则性，即按照绩效体系原则，遵循文官制度的基本价值；坚持灵活性，在不损害基本价值的前提下，各部门和机构因地制宜探索文官管理机制；坚持经济性，讲究规模效应，将联邦政府看作整体来协调发展，优势互补才能产生更大的经济效益；坚持合作性，联邦政府在文官制度转型过程中，注重合作与协调。①

（五）奥巴马政府时期

贝拉克·奥巴马总统比较关注选拔录用制度的改革，重点是简化流程，以吸引更多高素质的人才进入文官队伍。2010年5月11日，他签署了关于精简联邦文官选拔录用流程和改善联邦文官选拔录用方式的总统备忘录。此备忘录连同后续行政令的内容，以及人事管理署与行政管理和预算局在同年8月提交的《改革初步行动计划》，构成了奥巴马政府改革文官制度和探索选拔录用新方向的指导性文件。

① 吴志华：《发达国家公务员制度改革及其启示》，《国家行政学院学报》2008年第6期。

根据改革计划，联邦部门和机构在选拔录用过程中拥有更多的自主权，被赋予明确的责任和任务。为了加强约束，人事管理署要继续发挥主导和引领的作用，各部门和机构也应当汇报职位空缺、选拔标准、筛选方法和改革进展等情况。为了实现充分沟通，在人事管理署的指导下，联邦政府推出了信息发布平台，提供政策服务，并开设在线聊天室和博客等网络传播渠道。

（六）特朗普政府时期

出于控制联邦政府规模的考虑，唐纳德·特朗普总统下令暂时冻结联邦文官的编制，只可减少，不能新增。他还特别设立了白宫美国创新办公室，由其女婿、高级顾问贾里德·库什纳牵头，目的是运用商业理念改革政府职能，克服官僚作风，使联邦政府的运作更有效率。唐纳德·特朗普在竞选总统时就承诺，要把自己经商时秉持的“提前完工、低于预算”的思维应用到政府的运作中。按照他的设想，白宫美国创新办公室将是一支装备“特殊武器和战术”的尖兵。贾里德·库什纳领导的团队大多曾在私营企业当过高级管理人员，他们几乎没有从政经验，但有很强的商业头脑，能够把最新的观念注入行政管理中。[①]

三、州现代文官制度的改革发展

20 世纪 70 年代，州文官制度的发展虽然在一定程度上克服了政党分肥制的弊端，但也带来了不少批评。他们认

---

① 胡若愚：《特朗普设白宫“创新办”以期改革美国政府》，参见新华网。

为，文官体制与加强行政领导的愿望相冲突，高级文官在执行新州长的政策时可能会不积极，且难以解雇不称职的文官。因此，在最近的 30 年中，各州又出现了改革的趋势，主要分为两种情况。

（一）克服文官制度弊端的改革

主要集中在防止改革弱化行政领导方面。一是授权州长设立人事管理机构，将其负责人纳入内阁。最早的是威斯康星州，在 1977 年的文官改革法中就增加了相关条款。二是效仿联邦政府设立高级文官序列，州长可以根据需要调动他们，并替换表现欠佳者。[①] 随后，佐治亚州 1996 年 7 月 1 日通过的一部法律是采用逆向改革解决文官体制中的问题的典型代表。该法规定，1996 年 7 月 1 日以前录用的文官继续受到功绩制的保护，并享有相关的权利；1996 年 7 月 1 日以后录用的文官，不再受到功绩制的保护，被认为是州的“随意文官”。至少在理论上，这样的文官可以被录用、晋升、调动、降职和解雇而不受绩效体系规则的限制。[②] 这些改革还涉及录用和解雇制度、职位分类制度、政府部门私有化、全面质量管理和工资奖励制度等方面。[③]

（二）发展文官工会

为了保障自身的权利，州文官采取了许多措施。首先

---

① Harrigan J. J. Politics and Policy in States and Communities. Addison Wesley Longman, 1991: pp. 271 – 272.

② Curtis R. Berry. Developments in Personnel/Human Resources Management in State Government. Handbook of State Government Administration. Marcel Dekker, Inc., 2000: p. 213.

③ 李和中、陈广胜著：《西方国家行政机构与人事制度改革》，社会科学文献出版社 2005 年版，第 136—138 页。

想到组建工会，希望借助团结的力量对抗各方的压力。然而，这项活动最初并没有得到联邦宪法第一修正案的保护，因此，各州有权禁止。直到 1968 年的克劳林诉泰林迪斯案之后，[①] 一些州才承认此项权利，由此，文官能够依靠工会以集体谈判甚至罢工的手段来争取权益。[②]

关于美国现代文官制度演进过程中的重要事件及其作用见表 1－1。

表 1－1　美国文官制度发展大事年表

时　间	重大事件
1776—1829 年	个人瞻徇制盛行时期
1829—1883 年	政党分肥制盛行时期
1883 年	《彭德尔顿法》实施，推行功绩制，成立文官委员会
1910 年	设立 A、B 两种职类的特别机构，聘任程序开始复杂化
1917 年	通过《史密斯—休斯法》，联邦文官的培训教育开始制度化
1919 年	通过《1919 年退伍军人优待法》，确立了退伍军人及其家属在参加文官竞争考试时可放宽要求的政策
1920 年	通过《文官退休法》，建立联邦文官的退休制度
1923 年	通过《1923 年职位分类法》，以 5 种专业类别区分文官的职等和职级
1933—1945 年	富兰克林·罗斯福总统的新政扩大了政府职能，也增加了职位类别以外的特别行政职位
1936—1937 年	设立布朗洛委员会，进一步强化了总统在宏观上对文官委员会的控制
1938 年	通过《公平劳动标准法》，首次在全国范围内确立了最低工资标准

① ［美］杰伊·M. 谢夫利兹等著：《政府人事管理》，彭和平等译，中共中央党校出版社 1997 年版，第 216 页。

② Michael J. Ross: State and Local Politics and Policy: Change and Reform, Englewood Cliffs, Prentice Hall, Inc., 1987: p. 108.

续表

时　间	重大事件
1939 年	通过《哈奇法》，禁止联邦文官参与政治活动
1940 年	通过《拉姆斯帕克法》，规定罗斯福总统新政时期联邦录用的多数文官须纳入功绩制的管理系统
1944 年	通过《1944 年退伍军人优待法》，要求在选拔录用中给予退伍军人更多的优惠条件
1945 年	颁布《联邦政府雇员工资法条例》
1947—1949 年	第一届胡佛委员会主张改组行政部门以提高总统的管理能力；修订文官管理的规章
1949 年	通过《1949 年职位分类法》，停止旧制的 5 种分类方法，简化职等和工资级别
1950 年	通过《绩效评估法》，详细规定了评估工作的内容和绩效的具体标准
1953 年	德怀特·艾森豪威尔总统签署 10440 号行政令，宣布建立新的、不受文官制度约束的职位类别，即决策类或机要类，因受抨击而很快被废除
1953—1955 年	第二届胡佛委员会建议增设高级文官序列
1958 年	通过《政府雇员培训法》，重视文官的培训教育以及经费的安排
1962 年	通过《联邦工资改革法》，比照私营企业的级别工资制定文官的标准；约翰·肯尼迪总统签署 10988 号行政令，赋予联邦文官进行集体协商的权利
1964 年	依《1964 年公民权利法》第七章第 705 条第一款规定，设立平等就业机会委员会，联邦文官的录用，若因种族、宗教、肤色、性别以及原始国籍而出现歧视待遇，应依法调查处理
1965 年	林登·约翰逊总统签署 11246 号行政令，实施对弱势群体就业采取优惠措施的“肯定性行动计划”
1970 年	通过《政府间人事法》，赋予文官委员会相应权力，以提升州—地方的人事管理水平；通过《联邦工资可比性法》，扩大总统对文官工资的裁量权，可自行拟订年度级别工资的可比性标准，无须事先征得国会同意

续表

时　间	重大事件
1972 年	修订《平等就业机会法》，提高平等就业机会委员会的权力；将《反歧视法》的适用范围扩大到州—地方
1974 年	文官委员会废止《联邦公职考试法》，改用《专业与行政公职考试法》
1978 年	《1978 年文官改革法》施行，废除文官委员会，设立人事管理署、功绩制保护委员会、联邦劳工关系局以及高级文官处，确立中层文官的绩效工资制，削减退伍军人的就业优惠条件，重新审查对弱势群体实行优惠的政策，保护揭发不法者的文官
1989 年	沃尔克委员会发表文官评估报告书
1990 年	人事管理署要求对文官的考核增加工作职能、逻辑推理、性格以及绩效的记录
1993 年	成立国家绩效评审委员会，提出文官绩效评估的建议方案，以提高政府效能，节省施政成本
1997 年	克林顿政府发表《布莱尔厅报告》，重新审查和界定政府职能；下放权力，简化行政程序；转变观念，引入竞争机制；精简机构和人员；激励文官的主动性和创造性，改进职位分类
2000 年	小布什政府推行“总统管理议程”改革方案
2010 年	贝拉克·奥巴马签署的总统备忘录以及后续的行政令，连同人事管理署与行政管理和预算局提交了《改革初步行动计划》，构成了奥巴马政府改革文官制度、探索选拔录用新方向的指导性文件
2011 年	贝拉克·奥巴马总统签署 13583 号行政令，呼吁采取措施，促进联邦文官中更多地体现美国种族和民族的多样性
2017 年	唐纳德·特朗普总统设立白宫美国创新办公室
2018 年	特朗普政府酝酿实施对联邦文官产生长期影响的大幅度裁减“人员管理办公室”计划

第二章　美国文官的选拔录用

文官的选拔录用制度是选拔高素质人才进入公共领域掌握公共权力的主要依据，也是政府发展和改革的基本内容。美国的文官选拔录用制度的产生是长期演进的结果，不同时期的发展特点各异，最终形成了当前的体系，涉及价值取向、申请条件、考试程序、录用标准等内容。在此基础上，州—地方设计各自的运行机制，也取得了一定的效果。

第一节　选拔录用制度的历史沿革

文官的选拔录用，是指公众遵循某些条件和程序进入文官系统而获得身份的过程。围绕文官的选拔录用制定的要求、准则、条件、方法和程序以及考试、考核办法等形成的体系，总称为文官选拔录用制度。① 美国的文官选拔录用制度有两个主要支柱：考试选拔制度和分类定位制度。②

---

① 姜海如著：《中外公务员制度比较》，商务印书馆 2003 年版，第 184 页。

② 周敏凯著：《比较公务员制度》，复旦大学出版社 2006 年版，第 131 页。

一、考试选拔制度

(一) 萌芽时期 (1789—1883 年)

以 1829 年安德鲁·杰克逊总统上台为界，分为个人瞻徇制政府和政党分肥制政府两个不同的阶段。前一阶段，政府一般任命“性格合适”者来担任公职，标准是：“家庭背景、教育水平、诚实与自尊，以及对新政府的忠诚度——简言之，是权势集团的一员。”[①] 乔治·华盛顿总统为早期选拔录用联邦文官确立了道德的高标准，具有很强的精英性质，当时最高一级的官员约有 65% 来自绅士、商人和职业阶层。后一阶段，则完全凭党派关系，而不顾及受教育程度、专业水平、工作成绩、领导能力等条件。

19 世纪中后期，美国人意识到，只有面向社会选拔，才能录用到具有知识、技术和能力的称职的政府官员。他们从古代中国和近代英国的经验中找出了解决的办法，即实行公开竞争的考试制度和坚持功绩制原则。[②] 1870 年，内政部长雅各布·考克斯率先引入功绩制，并覆盖专利局、统计局、印第安事务办公室等部门，它们所需的文官都以竞争性考试的方式来选拔录用。随后，财政部长乔治·鲍特韦尔也要求部内较低的职位采用该方法。1871 年，格兰特文官委员会提交的报告直接推动了 1872 年在纽约市和华

---

① Foredeck Mosher. Democracy and the Public Service. Oxford University Press，1968；p. 57.

② 石庆环：《美国联邦文官考试制度的起源及其历史演变》，《辽宁大学学报》（哲学社会科学版）2005 年第 1 期。

盛顿开展的相关试验。1877 年，拉瑟福德·海斯总统（1877—1881 年在任）发布命令，纽约市海关署招收文官必须实行考试制，择优录取。

（二）功绩制确立时期（1883—1938 年）

《彭德尔顿法》规定，文官委员会主管考试录用事宜，范围和内容必须具有专业性和实用性，强调应用科学和专业知识;[①] 负责制定相关的法律法规，包括考试内容、录用标准、类别划分、地域差别、特殊例外和试用期限等。建立考试委员会，任命 1 名主考官在华盛顿主持考试，以保证公正、公平与公开；任命不超过 3 名的地方主考官，他们也是考试委员会的成员，负责联邦文官在各州和哥伦比亚特区的考试。该法颁布初期，13.3 万名联邦文官中，仅有 1.4 万名文秘职类的真正执行竞争性考试录用制度，占总数的 10.5%。此后，虽然文官总数大幅攀升，但这一比例仍然快速提高，如 1896 年，20.5 万名联邦文官中的 42.4% 是通过该制度被录用的，1907 年又激增至 63.9%，1918 年则达到 70%。[②]

（三）功绩制演进时期（1938—1978 年）

1938 年，富兰克林·罗斯福总统（1933—1945 年在任）签署行政令，要求所有的联邦部门和机构建立人事管理机关，功绩制得到进一步的发展。1940 年，通过了《拉姆斯帕克法》，将许多较高级别的文官纳入功绩制。哈

---

① 徐华娟：《美国文官制度的历史变革》，《学习时报》2012 年 10 月 15 日。

② 吴志华著：《美国公务员制度的改革与转型》，上海交通大学出版社 2006 年版，第 13 页。

里·杜鲁门总统（1945—1953 年在任）的任期内，国内税务局几乎所有高级文官的选拔录用都采用竞争性考试的方式。

这一时期，考试设计也逐步走向科学化、专业化。为吸引有才华的年轻人，文官委员会于 1940 年创建了初级文官考试。20 世纪 50 年代，面对政府人手不足的压力，文官委员会为一般行政职类序列 12 职等以上且有 1 年工作经验的文官，专门设计了联邦管理者考试。考试的公平性问题也引起关注，杜鲁门政府特别成立了由 7 人组成的平等就业机会委员会，以防范考试录用过程中的歧视行为。

（四）现代文官制调整阶段（1978—1992 年）

1955—1974 年，主要的竞争性考试是联邦公职入门考试，一般测试申请人的语言和数学能力；1974 年，被专业与行政公职考试取代，除了测试智商和认知能力外，还有专业能力，适用于申请经济、编辑、管理分析、海关稽查、银行监管、刑事侦查等 100 多个职系的专业及行政职位；由于受到黑人和西班牙语裔等群体对公正性和公平性的指控，此项考试于 1982 年停止。1982—1989 年，联邦政府没有举行过统一的选拔录用考试，人事管理署授权各部门和机构自行组织。1990 年，开始施行美国行政职业考试，适用于 6 个职组，但效果不甚理想，1994 年便终止了。目前，联邦政府已不再组织统一的考试。[①]

（五）现代文官制转型时期（1992 年至今）

20 世纪 90 年代以来，改革朝着形式多样化、程序优化、

---

① 吴志华著：《美国公务员制度的改革与转型》，上海交通大学出版社 2006 年版，第 75—76 页。

方式方法改进等方向前进。一方面，构建就业弹性和响应系统，重新定义联邦各部门和机构的选拔录用功能，着力提高自主权，包括公布申请要求、签发选拔信息、组织考试、公布录用结果等。[①] 另一方面，拓展多样化的选拔录用途径，将更多的优秀人才吸引到政府部门。例如，实施联邦职业实习生计划，比尔·克林顿总统2000年签署的13162号行政令规定，可以将实习生安置在一般行政职类序列的5、7、9职等，2年后，如果表现良好，可直接录用为常任文官；[②] 实施总统管理实习生计划，旨在吸引不同学科的研究生到联邦政府从事公共政策和项目的分析与管理工作；实施学生教育雇用项目，雇用在读本科生和研究生到联邦政府的特殊职位上实习。[③] 为了打赢人才争夺战，丰富选拔录用形式，建立了美国工作网站，统一公布有关信息，21世纪初，平均每天约1.5万条，2001年度的访问量超过了1600万人次。[④]

鉴于选拔录用方面规章制度众多、程序复杂烦琐的情况，2010年，贝拉克·奥巴马签署总统备忘录，简化了选拔录用流程，提出了“端到端”的程序，即按照拟订计划、发布公告、选拔录用、安全与适宜性评估、实习5个环节依次进行，而实践中则有14个环节，包括提出数量需求、审查职

---

① 曹永胜：《美国公务员录用制度的改革与发展》，《国家行政学院学报》2012年第1期。

② The White House Executive Order 13162 – Federal Career Intern Program. July 6, 2000.

③ The White House Executive Order 12364 – The Presidential Management Intern Program. May 24, 1982.

④ 吴志华著：《美国公务员制度的改革与转型》，上海交通大学出版社2006年版，第127—128页。

务现状、确定任务和评价策略、发布公告、描述工作性质和模式、筛选并通知申请人、选拔面试、正式录用等，每个环节都有具体的时间限制，整个过程历时80天。

二、分类定位制度

分类定位制度，是人事管理部门开展竞争录用和科学管理的前提条件，也是提高效率的基础，主要有两种：职位分类制度和品位分类制度。前者是指以所承担工作的性质、重要性及资格要求为标准进行的个人官职分类的制度；后者是指综合评估地位、身份、资历、待遇后进行的个人官职分类的制度。

（一）职位分类制度

最早可以追溯到1836年，当时来自联邦5个部门的336名书记官要求给予公平的工资待遇。参议院为此通过议案，对他们进行分类。[①] 实际上，职位分类始于地方政府。1911—1920年，芝加哥市、洛杉矶市和纽约市等率先为文官分类，随后便扩展到大部分州—地方。[②] 1923年，联邦政府出台了第一个职位分类法，将文官分为五大职类，每一职类再细分为5个—14个职组，并确立了定性分类、同工同酬、工资分等与职务挂钩等重要原则。1931年将五大职类改为七大职类，每一职类分为8个—16个职组，每

① 仝志敏主编：《国家公务员概论》，中国人民大学出版社1989年版，第57页。

② 吴志华著：《美国公务员制度的改革与转型》，上海交通大学出版社2006年版，第88页。

一职组又细分为15 个—456个职系，各自对应不同的工资。

第二次世界大战以后，随着美国政治经济环境的变化，职位分类制度亟须作出调整。1949 年，国会颁布了新的职位分类法，把七大职类合并为一般行政与技艺、保护和保管两大职类，前者分为 18 个职等，后者分为 10 个职等，共有 450 个职等级差。此后，经过 1952 年、1954 年、1958 年、1965 年、1978 年的调整和补充，① 逐渐形成了以一般行政职类序列为主体、结构较为完整的职位分类制度。其中，职组、职系构成纵向的坐标轴，有 23 个职组和 420 个职系，每个职组包括 2 个—50 个职系不等；职等、职等级差构成横向的坐标轴，有 18 个职等，每个职等包括 10 个职等级差。②

虽然职位分类制度具有增强编制管理的科学性、为国家财政支付工资提供客观依据、提高行政和文官的工作效率等方面的优点，但遭受的批评也不少，主要是 3 个方面：其一，职位分类与使命脱钩，无论在原创制度设计上还是在管理实践中，都未能与之形成关联；其二，职位分类过于烦琐，耗费了大量的人力与物力，提高了管理成本；其三，缺乏灵活性，不能及时适应各部门和机构不断变化的使命、工作内容、组织结构和文化。

（二）品位分类制度

为回应以上批评，联邦政府一直在寻找完善的办法。20 世纪 70 年代，开始借鉴以人为中心的品位分类制度，录

---

① 周敏凯著：《比较公务员制度》，复旦大学出版社 2015 年版，第137 页。

② 吴志华著：《美国公务员制度的改革与转型》，上海交通大学出版社 2006 年版，第 93 页。

用与解雇文官的标准是个人的条件和身份，由主管单位及其负责人先确定职等再区分职类；交流调整不受专业和熟悉领域的限制，重在考察综合管理能力；职位的变化直接与地位的高低、工资的多少相联系，无须严格的程序和依据，操作较为简单。上述特点也引发了若干问题，例如，因人设岗，不注重职位设置的合理性，导致人浮于事；过于注重身份和地位，打击了学历低、资历浅但能力强、水平高的文官的工作积极性；等级森严，使上下级相互隔阂、彼此歧视；等等。因此，美国联邦政府只进行了小范围的尝试，如 1978 年的改革，就将一般行政职类序列 16、17、18 职等中的 8000 个职位分离出来，设为高级文官，实行不受职位分类制度约束的“级随人走”的政策，之后便再也没有往前推进了。①

第二节　选拔录用的核心价值与分类

一、核心价值

《1978 年文官改革法》强调，选拔录用文官必须基于申请人的能力、知识和技术，不得因种族、肤色、宗教、性别、婚姻状况、党派等社会的和政治的因素产生歧视，这是第一次以法律的形式阐明其核心价值观——功绩制和平等竞争。

除此之外，还要兼顾优待政策。文官是公共服务的提

① 吴志华著：《美国公务员制度的改革与转型》，上海交通大学出版社 2006 年版，第 92 页。

供者和公共利益的捍卫者，选拔录用的设计应体现公平性和公共性，注重对弱势群体的照顾。《1978 年文官改革法》加入了对妇女、黑人和其他少数民族的优待政策，要求选拔录用文官应综合考虑性别比例、种族比例或城市总人口中的种族比例。2011 年 8 月 18 日，贝拉克 · 奥巴马总统签署 13583 号行政令，力图在选拔录用中为各种族和民族提供公平竞争的机会。

二、分类

（一）普通文官的选拔录用

近年来，着力改变原先由人事管理署集中统一行使权力的体制，通过授权使联邦各部门与机构拥有较大的文官选拔录用自主权。比如，人事管理署只履行初选职责，一般根据职位资格条件、申请材料等信息，从中择优选取 5 名—10 名候选人，提交用人单位面试，以确定最终录用人选。也有一些部门享有全流程自主权，比如，财政部从发布信息、确定资质到组织竞争性考试、对录用结果的解释，均自行负责。同时，用人单位有权实行试用期制，一般为 6 个月至 1 年。试用期内，如果对新录用人员的表现不满意，可随时解雇。试用期满要进行考核，如果不合格，也可解雇；如果通过，则正式成为文官。

20 世纪 90 年代以来，美国政府的行政改革增加了大学毕业生加入联邦文官体系的机会。2010 年 12 月 27 日，贝拉克 · 奥巴马总统签署 13562 号行政令，实施学生就业促进计划，包括实习建议计划、应届毕业生计划和总统管理计划等，为学生尤其是刚走出校门、缺乏工作经验的应届毕业生进入联邦政府系统提供了快捷通道。奥巴马政府强调，人事管理署应积极策划和实施联邦职业实习生计划，以便让更多的大学生提前熟悉联邦政府的运行机制。[①]

（二）高级文官的选拔录用

人事管理署在审核资格条件的同时，组成高级文官评审委员会（通常由 3 人组成），对初步筛选的申请人进行审查评议，为合格者颁发证书并推荐给用人单位，再由用人单位通过面试等方式确定人选。初次被录用的，经 1 年的试用期后需考核；通过晋升渠道录用的，则没有试用期。实施高级文官特殊通道计划，致力于发现具有高级领导潜力的特殊人才；采取个性评估、发展潜力评估和关键事件中领导绩效评估等方式，多角度考察和选拔。

第三节　申请条件及主管机关

一、申请条件

（一）一般条件

根据《1978 年文官改革法》及相关实施细则规定，文官的一般性申请条件为：

1. 本人是美国公民或宣誓效忠美国；

---

① 崔开华、王潇、邢占军：《美国联邦政府公务员招录制度改革及对我国的启示》，《山东行政学院学报》2014 年第 1 期。

2. 退伍军人在需要考虑资历因素的考试中，应计算其在美国武装部队服役时间的长短；

3. 必须依法享有公民权；

4. 必须出示身体健康的医学证明；

5. 最低年龄必须满 18 岁，一些职位是 21 岁。近年来，年龄有所放宽，大多数职位没有上限，特别是对于需要法律和经济经验的文官。

以上是共性条件，而各州和不同性质的文官，申请条件差别较大，需要进一步区分。

（二）限制条件

若有以下情况，将取消申请资格：

1. 由于失职或渎职而被解雇；

2. 身体或精神状况不符合所申请职位的要求；

3. 犯过罪，有过不诚实的、不道德的行为，或者干过臭名昭著的勾当；

4. 在考试录用过程中故意撒谎，或者弄虚作假、营私舞弊；

5. 拒绝按照文官法实施细则第 5 章第 3 条的规定提供必要的证件；

6. 经常酗酒；

7. 对美国政府的忠诚度有待考察；

8. 具有法律上的、不适宜工作的或者其他方面的不合格条件。[①]

---

① 杨林生、余海斌：《国内外公务员考试制度的比较研究》，《广西社会科学》2001 年第 6 期。

二、主管机关

联邦和州的选拔录用工作都有统一的部门或机构来负责，前者主要由人事管理署负责，功绩制保护委员会、平等就业机会委员会和联邦劳工关系局也会参与进来；后者则由州级人事部门负责。虽然两者的区别很大，但是都要先对具体职位的资格进行分析，然后确定条件，最终才是发布公告、命制试题、选拔录用等流程。①

2009 年 6 月，成立了由人事管理署和人力资源管理部门人员组成的特殊工作团队，负责评估联邦选拔录用程序的现状和问题，探讨各部门和机构在选拔录用过程中遇到的障碍和困难，提出有针对性的改进计划和方案。联邦政府专门为各部门和机构的负责人设计培训教育课程，帮助其加深对实施内容、改革目标、总体概念和相关技术的理解，督促更加有效地进行规划，并为顺利实施争取更多的资源和支持。

2010 年 5 月，贝拉克·奥巴马签署的总统备忘录强调了各部门和机构负责人的角色和地位，指出他们应该更多地参与到考试录用环节中来。要让用人单位在人力资源状况评估、未来需求规划、工作要求设置以及人员选拔录用等方面有更大的自主权，但应定期向人事管理署、行政管理和预算局报告有关进展情况，详细说明完成时限和目标。②

---

① 张道忠：《美国公务员选拔任用制度》，《学习时报》2012 年 5 月 21 日。

② 崔开华、王潇、邢占军：《美国联邦政府公务员招录制度改革及对我国的启示》，《山东行政学院学报》2014 年第 1 期。

第四节　选拔录用程序及考试类型

一、一般程序

联邦与州—地方都适用的一般性程序是：制订录用计划→审查计划→发布信息→报名→资格审查→公开考试→公示→试用→录用，但因为不同职位的专业要求不同，会有相应的调整，如安全与情报部门的文官，尤其是涉及国家机密的，出于保护的考虑，在录用时可以不公布结果，相关信息也只通知本人。但无论如何多变，招募、筛选、考试、录用都是法定的程序。

（一）招募

由人事管理署负责约 3/5 的文官的招募工作，其余的则授权给各部门和机构。具体操作程序是：首先，各部门和机构统计需求人数和资质要求，并向人事管理署上报；其次，由人事管理署整理汇编成年度录用的总体计划，通过官方公告向社会发布，一般不采取广告宣传和委托人才中介组织的方式；最后，有意向的申请人在指定的场所办理手续，填写一份详尽的表格。

（二）筛选

对申请人一般都有条件限制，因此考试前要进行资格审查，筛除与要求不符的申请人，如国籍、公民权、道德品质、学历、年龄等；个别职位会有特殊的门槛，核验更为严格，落选的概率自然很大。

（三）考试

考试录用制适用范围最广，涵盖了一般行政职类序列1职等—15职等72%的文官，而高级文官、专家技术人员、具有博士学位的人员、政府首脑委任的“例外人员”（机密人员、临时工作人员、勤务人员以及其他不适合考试录取的人员）以及通过选举方式任用的官员，都不参加公开竞争考试。考试由相关主管部门组织，形式和内容因职位的类别不同而各异，地点的选择和时间的安排也比较灵活。

（四）录用

通过筛选或考试的申请人按照1∶7的比例列入特定职位和级别的候选人登记表。没有被授予自主考试权力的部门和机构，如果有空缺职位需要从外部录用填补时，就由人事管理署从候选人中按照类别评级的标准择优录用。具体方法是：通过了考试等测评环节、经证明符合从事职位工作最低资格要求的候选人，被分成“优秀”“良好”“合格”等质量类别，各部门和机构直接从“优秀”或“良好”类别中确定录用人选。这种方法扩展了选择范围，增强了自主性。①

具体流程如下（见图2－1）。②

① 崔开华、王潇、邢占军：《美国联邦政府公务员招录制度改革及对我国的启示》，《山东行政学院学报》2014年第1期。

② OPM. Delegated Examining Operations Handbook：A Guide for Federal Agency Examining offices May 2007.

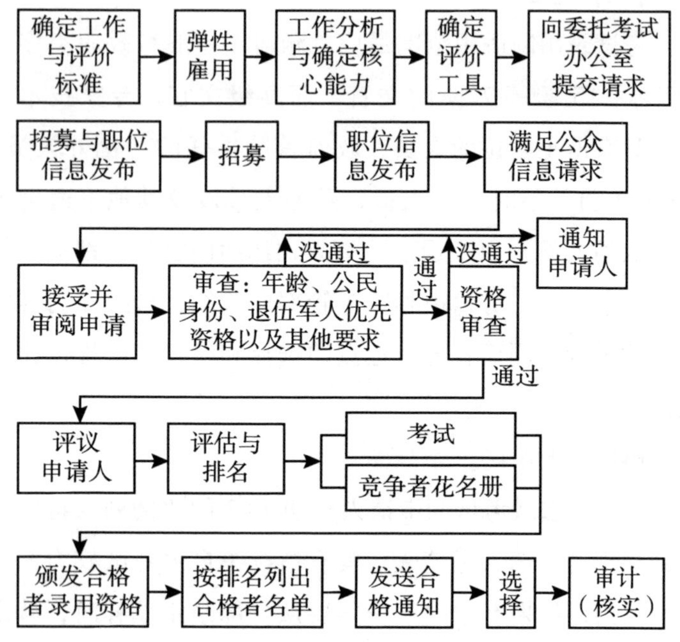

图 2－1　选拔录用流程示意图

资料来源：美国联邦人事管理署编制的《委托考试操作手册》。

目前，美国仍在进一步改革流程，大力建设信息交流机制，用技术手段提高选拔录用的科学性和便捷性。2011 年，人事管理署投入 200 多万美元对 50 多个联邦部门和机构进行了培训教育；开通了网站，主要为人力资源专家提供课程，试图深化有关方面的信息沟通和资源共享。①

① 崔开华、王潇、邢占军：《美国联邦政府公务员招录制度改革对我国的启示》，《山东行政学院学报》2014 年第 1 期。

二、考试类型

从形式的差异上来看，一般有两类：一是非集中考试，对象是有国家颁发的资格证的专业类和管理类人员；二是集中考试，包括笔试、面试、口试与操作考试（又称演作式考试）等。[①] 按照性质的不同，也可以分为竞争性考试与非竞争性考试，而前者又存在公开性的与有限性的区别。

（一）非集中考试

申请人需要提交一份详尽的简历，说明教育、培训和工作情况，并列出以前的雇主和老师作为证明人，必要时考试机关应征询其对申请人的评价。具体步骤包括：第一步，填写简历或申请表。第二步，考试机关系统地审查，并选出符合最低工作要求的申请人。第三步，参加笔试和口试。主要优点是：考试机关可以较快地完成组织工作，评估专家也能够更容易地打分和排名。[②]

（二）集中考试

1. 笔试

初试通常是笔试，一般进行两场：一场是文化知识考试，包括语文、数理及其他基本知识等；另一场是专业知识考试，除公共行政知识测试外，还有相应的技术知识测试，如文秘职类的必须通过行政文书、社交礼仪规范等科目的考

---

① 姜海如著：《中外公务员制度比较》，商务印书馆 2003 年版，第 189 页。

② 石庆环著：《美国文官群体研究》，社会科学文献出版社 2011 年版，第 85—86 页。

试，专业职类的必须通过数学、设计、建筑等科目的考试。笔试主要有填空、选择、论述等形式，题量较大，[①] 具体可细分为3类：一是自传式，申请人详细写明自己的经历以及未来的打算。这种方式既可以掌握申请人的背景以及发展潜质，还能够了解其品行的好坏。二是论文式，适用于需要较高通才素质的职位，重点考察逻辑思维和书面表达能力。三是变化式，常用于智力测验和知识型考试。[②]

2. 面试

除了参加非集中考试的文官外，其他的都必须去面试。这是一种通过笔试并获得分数评估以后进行的考试，主要目的在于全面展示申请人的综合分析、语言表达、人际沟通、组织协调以及决策创新等能力。常用形式包括模式面试无领导小组讨论、结构化面试、公文筐测验等，而第一种比较受欢迎，因为它能够尽量保证同一级别和相似部门的所有申请人回答相同的问题，从而使考试结果更加客观、可靠和公正。[③]

3. 行为测试

行为测试是对实际能力的标准化考验，主要有3种形式，一是指标测试，将申请人置于实际工作环境中检验其能力；二是体质测试，对申请人的体力和灵活性进行考察，

---

① 周敏凯著：《比较公务员制度》，复旦大学出版社2015年版，第126页。

② 黄丽娟著：《美国公务员考录制度研究》，南京师范大学2015年硕士学位论文，第19页。

③ 石庆环著：《美国文官群体研究》，社会科学文献出版社2011年版，第88页。

以证明其胜任力；三是应急响应测试，为了衡量申请人随机应变和处理人际关系与工作挫折的能力。行为测试通常用于技术和商业贸易类的文官。事实上，目前联邦政府选拔录用技术性文官时，各种行为测试逐渐在取代笔试。

4. 口试

可替代其他的考试形式，广泛施行于专业性和管理性职位的文官选拔录用中，具有职场资历和工作经验的申请人比较有优势。一般程序是：在出题阶段，考官必须遵循相同的标准；在测评阶段，口头回答与实际工作相关的问题，但允许考官比较不同申请人的回答，而不一定用共同标准；口试结束，考官根据答题的情况给出总分。[①]

5. 评估中心

20 世纪初德国心理学家发明，美国在第二次世界大战期间首次使用，为了挑选战略机构总署的工作人员。最初主要服务于公共政府机构或私人企业，是作为晋升测试的一种工具，后来逐渐应用到政府高级管理职位中。常用的方法：

一是新信息处理。通过模拟实际的工作内容，让申请人在填写备忘录、准备报告、记录电话和信件等过程中，凸显其分配任务和处理文字信息的能力。二是个人展示。为了进一步测试反应能力和抗压能力，在没有提前准备的情况下，回答评估专家关于特定主题的问题。三是管理赛会。解决与领导和人际交往有关的技术问题，往往以团队

---

① 石庆环著：《美国文官群体研究》，社会科学文献出版社 2011 年版，第 90—91 页。

的形式进行，测试合作和竞争能力。四是无领导小组讨论。通过一个团队的口头交流，考察人际交往能力、个人影响力和合作能力。在多方讨论中，要求一组申请人（5 人—7 人）提出问题并制定解决方案。五是其他技术。还可以对个人进行单独面谈、写作分派等。考官包括心理学家、管理专家以及用人单位的负责人。评估中心要求所有的专家相互公开结果（主要是分数），并证明评分的公正性和合理性，以保证标准的一致性和可靠性。①

6. 计算机自适应考试

考试委员会通过计算机自动控制考试过程。在计算机操作系统下，要求申请人回答与工作情景有关的问题。首先回答中等难度的问题，如果答案是正确的，计算机会提出更难的问题；如果是错误的，则自动降低难度，不过分数也会随之下降。采用此方法，除了增加考试的公平性外，还可以快速掌握申请人的相关信息。②

第五节　文官的分类分等及其对应的选拔录用要求

就联邦层面而言，主要分为一般行政职类（白领职类）与技艺、保护和保管职类（蓝领职类）。前者又可以细分为

---

① 石庆环、刘晓雪：《当代美国政府公务员考试形式》，《社会科学战线》2006 年第 6 期。

② 石庆环著：《美国文官群体研究》，社会科学文献出版社 2011 年版，第 95 页。

专业、行政、技术、文秘和其他职类。

1. 专业职类

需要运用专业知识来判断和处理工作中的问题，一般应有相关领域学士及以上的学位，这与通识教育不同。

2. 行政职类

不需要专业知识，他们完成工作所应具备的分析、研究、写作和判断技能，可以通过大学教育或工作经验获得。

3. 技术职类

通常要支持、配合专业职类或行政职类，应具备大量实践知识，需要通过经验或特定培训获得。虽然涉及以上两个职类的知识，但不必全面掌握。

4. 文秘职类

主要是协助办公室的工作，如接收核实文件、进行办公记录、发布通知、打印材料等。

5. 其他职类

上述职类之外的，如消防和预防职系、警察职系等。

不同职类在晋升职等上存在差异，专业职类和行政职类先采取两级间隔的模式，从 5 职等开始以 2 个职等的跨度直至 11 职等，即 5、7、9、11 职等；11 职等以上的再遵循一级间隔的模式，一次只增加一个职等，即 12、13、14、15 职等。技术职类和文秘职类则始终按照一级间隔的模式，即从 1 职等逐级递升到 15 职等。[①]

---

① 胡登良、刘东华：《美国联邦政府专业职类或技术职类公务员职位管理》，《行政管理改革》2019 年第 5 期。

第六节　州—地方文官的选拔录用

一、主要特点

州—地方文官的选拔录用具有过程灵活、因地制宜、因岗多变的特点，同时坚持考试和考察并重，特别突出实践能力。州—地方在遵守联邦法律的基础上，根据岗位需要自行确定条件，然后公布在网上接受报名。一般也会有笔试和面试，经过笔试的筛选，按1∶3—1∶12的比例确定面试的人数，考官从邻近州—地方人事部门中选取，相关信息可以公开。面试成绩仅作为参考，最终录用名单由部门或机构的负责人确定。根据职类的专业和层级，选拔录用的方式和资源的投入也会有所不同。对行政职类，侧重通才，关注受教育程度、基本素养以及综合推理和判断能力；对业务性较强的职类，还附加了实际操作能力的考试。注重试用期考核，对申请人的基本能力、态度作出评价，然后提出续用意见。① 例如，威斯康星州的“最优招录计划”就如何与私营企业争夺优秀人才方面作出了积极的探索，从 1991 年开始，州人事部门通过压缩僵化的多选题的规模和增加面试人数，来吸引更多的技术精英；在“直通车考试项目”中，部分技术职位的录用甚至不要求提前递

① 袁治锋：《美国公务员管理制度考察与借鉴》，《浦东开发》2014 年第 12 期。

交申请，可以到考试中心现场填写，就能够参加考试了，为此，人事部门不再通知那些报了名又不来的人，极大地节省了时间和精力。

二、一般程序——以纽约市为例

（一）总体概述

纽约市文官的选拔录用由申请中心负责，并在网站上公告。考试分为两类：一类为公开竞争性考试，面向所有人；另一类为晋职考试，仅对在职文官。绝大多数申请人要参加资格考试，重点是某一具体职类所需的技能，通过的按分数排序，都列为候选人。

（二）注意事项

《纽约市行政服务管理部门一般考试条例》适用于纽约市内所有竞争性、非竞争性和内部（晋升）的文官考试。条例第二章规定，必须严格按照公告中的指定形式完成申请流程并缴纳相关费用；需迟延的，要向用人部门或机构的人事办公室尽早提出，且原因须是兵役、患病等；无义务受理的情况包括：由不当的申请导致的失误或错误、只通过电子邮件提交、没有报送官方认可的证明、未在指定的日期内交齐相关材料等。

（三）基本要求

申请成为纽约市文官，需要获得纽约市的公民身份。而没有这项限制的岗位，申请人必须于规定的时间内在美国建立有效的雇用关系，且始终保持合法的工作状态。根据《1986 年移民改革与控制法》，申请人必须具有独立合法的身份，并在获得纽约市的劳动权以前合法得到。作为一般性规定，申请人需满 18 周岁，不到年龄的必须在录用前拥有合法的就业认证。

为保证能够全身心地投入工作，要求申请人须在纽约市有住所。《纽约市行政管理法》规定，从成为文官之日起 90 天内，应居住在市内，并将定居作为录用的前提条件。

申请人还能自如地用英语交流，因为纽约市移民众多，大多说英语。对不符合要求的，城市行政管理部门将安排口语资格考试，由负责选拔录用工作的官员出具意见。

（四）特殊政策

有些特殊群体可享受费用的减免待遇：美国公民或已获得合法的永久居留权的侨胞；已从美国武装部队退役和已达到退役条件的公民，美国武装部队包括陆军、海军、海军陆战队、空军、海岸警卫队以及国民警卫部队；作为公共事务培养储备的全职人员或其他人员。

此外，对有特殊需求的也要给予关照，主要包括地点和时间的调整、有视力障碍的申请人或者有听力障碍的申请人的优待等。

1. 对不能到达考点、需要住宿安排的申请人

应当提交驻考援助的报告。城市行政管理部门要准备若干个解决方案，比如，提供家访型考试；增加备选的地点，延长时间，安排特殊的座位；制作完整的书面说明并通过电子显示屏发布；提供磁带录音机帮助了解试题，完成答题；等等。

2. 有视力障碍的申请人

需要提交的证明是：在纽约州注册的盲人或是视觉障

碍者，矫正视力总量不超过20/200或视角不超过20度。

3. 有听力障碍的申请人

需要提交的材料有：过去1年由纽约州认证的、具有合法资格的听觉矫治专家或耳科专家鉴定的听力图，包括注册编码和听力缺失等级等。

在某些特殊考试中，对有宗教信仰的、服兵役的或尚未退役的申请人，还应提供特殊援助。

第三章　美国文官的绩效考核

美国当前采用的是 360 度绩效考核方法,[①] 即综合来自上级、下级、同事、本人和顾客 5 个方面的信息反馈进行考核,[②]并由“计划—监测—发展—评分—奖励”5 个相互联系的环节循环构成。根据具体内容的差异，可划分为联邦普通文官、联邦高级文官和州—地方文官 3 类绩效考核制度。

第一节　绩效考核制度的历史沿革

美国独立以来，文官的绩效考核经历了从道德评价到业务评价的演变，持续了 100 多年，直至《彭德尔顿法》的颁布，才日趋制度化、专业化和规范化。

---

① 360 度绩效考核方法是全方位、多角度的，即由上级、下级、同事、本人以及顾客从四面八方对被考核对象进行评价，内容包括任务绩效、管理绩效、周边绩效、态度和能力等方面。考核结束后，将结果反馈本人。该方法既有助于实现组织的战略目标、组织的文化转变、员工的个人发展，又能提高团队工作的效率，还可以最大限度地满足政府、企业和社会组织对人才的需要。

② Stephen E. Condrey. Handbook of Human Resource Management in Government. Jossy – Bass，2005 : p. 506.

一、初步建立时期（1883—1911 年）

1883 年通过的《彭德尔顿法》，废止了存在偏袒问题的政党分肥制，确立了以绩效为标准的文官考核制度。[①] 其中与绩效考核相关的原则有 3 项，即功绩制原则、职位分类原则和所谓的“政治中立”原则。

1. 功绩制原则

首次将文官的晋升建立在功绩考核的基础上，考核以功绩优劣为原则，任何人都不能超越程序去干预，为此还建立了专门的主管部门——文官委员会。

2. 职位分类原则

文官的绩效考核要符合其职位分类的特点。

3. 所谓的“政治中立”原则

将坚持该原则的情况纳入绩效考核中，如主动或者被动参加政治活动或者捐款的情况、被解雇的原因中包含政治派别因素的情况、把忠于职守和服务国家作为最高行为准则的情况等。[②]

该法虽然没有建立具体的绩效考核体系，但确立的原则对后续制度的建立至关重要。[③]

---

① 石庆环：《美国联邦政府文官培训制度的历史考察》，《东北师范大学学报》2006 年第 2 期。

② Wilson. W. The study of administration. American Political Science Review, 1887.

③ 《雇员绩效测量手册》，参见美国联邦人事管理署网站。

二、集中管理时期（1912—1977 年）

在这 66 年间，美国将不同职类的文官纳入统一的绩效管理，通过了 8 个相关的法律法规（见表 3－1），以改进体系。①

表 3－1　1912—1962 年美国通过的与文官绩效考核相关的法律法规

年份	法律法规
1912	《第一评估法》
1923	《1923 年职位分类法》
1935	《统一效率评估体系》
1940	《拉姆斯帕克法》
1950	《绩效评估法》
1954	《激励奖法》
1958	《政府雇员培训法》
1962	《联邦工资改革法》

数据来源：根据美国联邦人事管理署网站信息整理。

1912 年，美国通过了首部评估法，要求文官委员会为所有部门和机构建立统一的绩效评级体系。《1923 年职位分类法》出台，希望建立一个以职位分类为基础、以工作为核心、以绩效客观评价为导向的考核指标，并实行同工同酬的管理制度。1924 年，推出了更为具体的图形评价量表，主要由监督员考核每项服务，11 年后才被废弃，这种方式有效但不受欢迎。1935 年，文官委员会建立了统一的效率评估

① The U. S. Office of Personnel Management. Overview and History of Performance Management. https://www.opm.gov/policy－data－oversight/performance－management/overview－history, 2019.

体系，沿用至1950年，主要有两个方面的贡献：明确了评价因素，即质量、产出和资质；将每个因素分为5个等级。

为更加客观公正，1940年，在《拉姆斯帕克法》的指导下，美国成立了由文官委员会成员和文官代表组成的独立的评审委员会，以处理绩效考核上诉。1950年颁布的《绩效评估法》，改变了考核由文官委员会集中领导的状况，分散、灵活的管理开始萌芽，其核心内容有4项：一是经文官委员会的批准，各部门和机构可以设置自己的绩效考核体系；二是建立三级总评体系，即杰出、称职和不称职；三是文官有权对评级提出上诉，但主管机构替换为由3名成员组成的法定委员会：1名来自政府部门或机构、1名由文官指定、1名是文官委员会主席；四是辨别最好的和最差的文官，并改善负责人与普通文官间的关系。

工资、荣誉、培训同绩效考核密切相关。为将激励机制与考核制度相配套，1954年通过了《激励奖法》，对有突出成就、建议、发明、服务的文官，授予荣誉称号和发放现金奖励。1958年通过的《政府雇员培训法》，则尝试通过提供培训教育以提升文官绩效。此外，1962年的《联邦工资改革法》要求设立一种“可接受的能力水平”，作为工资的决定因素之一，当绩效低于“可接受的能力水平”时，将不提高评级。另外，还新增了“高质量绩效”等级。

三、分散管理时期（1978—1992年）

《1978年文官改革法》的出台，是美国文官绩效考核从集中管理走向分散灵活管理的转折点，旨在解决因过度的集中管理而导致效率降低的问题，包括公平竞争、分类激励、功绩制的调整以及单独为高级文官设立绩效考核制度等改革内容。虽然力度较大，但由于缺乏科学细致的绩效考核体系的支持，因而实际效果很有限。

此后，美国进行了一系列调整，比较突出的是绩效管理和奖赏制度的建立和修订。1984 年的《文官退休配偶股权法》废除了绩效工资制，建立了覆盖一般行政职类序列 13、14、15 职等的绩效管理和奖赏制度，将总评等级修正为 5 级，不对评级分布进行强制要求；1985—1986 年，进一步改进了绩效评价程序，并明确了相关法律规定；1989 年，通过国会立法扩大了适用范围；1991—1992 年，对总评等级、带薪休假、绩效奖百分点进行了微调。这些只是对绩效工资制的改良，由于没有得到足够的政治支持，未能达到预期目的。1993 年，该制度被终止。①

四、科学绩效管理时期（1993—2000 年）

虽然《彭德尔顿法》建立了文官绩效管理制度，但绩效评价一直较为主观、模糊。而真正开始走向科学化是在 1993 年，这一年有两大事件影响深远，一是国会于 7 月通过了《政府绩效与结果法》，列举了加利福尼亚州桑尼维尔市绩效管理的成功经验；二是比尔·克林顿总统于 3 月宣布成立由副总统戈尔领导的国家绩效评审委员会，而该

---

① The U. S. Office of Personnel Management. Historical Chronology of Performance Management. https://www.opm.gov/policy-data-oversight/performance-management/overview-history/#url=Historical-Chronology, 2019.

委员会9月便发表了《戈尔报告》，致力于解决政府低效问题。报告指出，政府效率低的原因不在于文官的懒惰无能，而是繁文缛节严重束缚了创造性，应该通过简化规则、顾客导向、授权与结果导向、节俭高效等原则来改进绩效。①

提高政府效率是这一时期改革的主要目标，1995年，联邦政府修订了绩效管理法规，进一步下放管理权。经人事管理署批准，允许各部门和机构形成自己的绩效管理体系，用于指导构建计划，以适应其需求与文化。②

1998年，联邦政府要求所有部门和机构作绩效报告，提交上级和国会并向利益相关者公开。国会将依据绩效表现确定财政拨款数额，上级则会决定是否继续放松规制、下放权力等。同年，国会通过了《高等教育法修正案》，建立了第一个以绩效为基础的联邦机构——教育部学生资助局。③

五、精细化绩效管理时期（2001年至今）

小布什总统2001年年初上任后，就推出了旨在“改进联邦政府管理和绩效战略”的改革——“总统管理议题”，主要建设注重绩效而不是过程的政府：一是重新

---

① 胡晓东著：《美国（联邦）政府公务员绩效管理体系研究》，光明日报出版社2012年版，第55页。

② The U.S. Office of Personnel Management. Performance Management. https://www.opm.gov/policy-data-oversight/performance-management, 2019.

③ 葛晶爽、张梦丽、唐宇婷：《英美公共部门绩效管理发展历史及启示》，《时代金融》2014年第1期。

制定政府采购的政策，缩短时间，降低成本，促进与私营企业的竞争。二是 2002 年 7 月引入项目评估分级工具，对联邦项目的意图（20%）、战略计划（10%）、管理（20%）和成果与责任（50%）等 4 个方面进行评分，按照分数的高低依次定为有效、基本有效、一般和无效 4 个等级。①

2009 年 6 月，奥巴马政府启动了高度优先绩效目标创议计划，这是项目评估分级工具的升级版，纠正了过分关注绩效与等级的短视行为，要求对项目进行价值排序，确定 3 项—8 项的优先绩效目标。该目标被划分为政策和管理两大类，前者以结果为导向，数量较为单一，资源保障充分；后者囊括了信息技术、人力资源及财务等管理领域。2012—2014 年，联邦政府确定了包括出口、鼓励创业与小企业发展等 7 个政策类优先绩效目标，其中鼓励创业和小企业发展是应对经济危机后失业率居高不下的关键举措，反映了政府绩效管理对社会公众的回应。

进一步健全管理体系，首席运营官最初由比尔·克林顿总统设立，作为副职协助部长改善绩效管理，小布什政府沿用了这一做法。绩效促进官则由小布什总统于 2007 年设立，直接向首席运营官汇报工作，并协助做好绩效促进工作。奥巴马政府在此基础上，将首席运营官和绩效促进官纳入《政府绩效与结果法修正案》，并设

---

① 吴志华著：《美国公务员制度的改革与转型》，上海交通大学出版社 2006 年版，第 167—168、185 页。

立了绩效目标领导职位，旨在助推优先绩效目标的实施。[①]

2009 年 11 月，奥巴马政府强化小布什政府成立的绩效促进委员会，作为绩效管理的核心机构，其职能包括同行政管理和预算局合作、建立新的管理原则、精炼执行计划、识别并解决具体问题等。此外，求助州—地方协会、公共政策与管理学院、智库、专业协会等外部网络，明确对具体项目的支持，推广有效的经验。[②] 还要求将相关评估信息发布在政府网站上，以提高预算的透明度，便于公众的监督。

1978 年以来美国文官绩效管理制度发展变化的具体情况见表 3－2。

表 3－2　1978—2015 年美国文官绩效管理制度调整的重大事件

年份	重大事件
1978	通过了《1978 年文官改革法》
1984	通过了《文官退休配偶股权法》
1985	通过了《绩效管理和奖赏制度的评估和支付条例》
1986	发布了最终的绩效管理体系法规
1989	立法扩展了绩效管理和奖赏制度
1991	再次立法扩展了绩效管理和奖赏制度
1992	修订了《关于一般时间表和现行费率评估系统的汇总等级水平的规定》
1993	绩效管理和奖赏制度终止；通过了《政府绩效与结果法》
1995	修订了《联邦绩效管理规定》
1998	修订了《关于记录评级的规定》

① 盛明科、张旭：《美国政府绩效管理的发展趋向及其启示——对奥巴马政府时期的考察》，《广东行政学院学报》2017 年第 6 期。

② 晁毓欣：《美国联邦政府绩效管理改革三部曲》，《山东财政学院学报》（双月刊）2011 年第 2 期。

续表

年份	重大事件
2000	修订了《高级行政服务评估条例》
2002	通过了《首席人力资本法》
2004	颁布了《关于绩效考核体系认证暂行条例》
2005	通过了《修订绩效奖励计算条例》
2006	为非高级文官建立了项目评估定级工具
2007	修订了《关于一般时间表和现行费率评估系统的汇总等级水平的规定》
2008	通过了《高级职业表现法》
2009	修订了《关于监督员培训和发展的规定》
2011	建立了目标—参与—问责—结果模型
2012	建立了高级文官绩效评估系统模型
2014	发布了最终的累计损益/收入工资规定
2015	推出了招聘、参与、多元化和包容性路线图

数据来源：根据美国联邦人事管理署网站材料整理。

经过200多年的不断探索、调整和演进，美国逐步形成了集规划、发展、监测、评分、奖励于一体的文官绩效管理制度。

第二节　现代文官绩效考核制度的运作基础

一、文官的种类

不同的文官种类有不同的绩效目标和考核标准。根据工作性质，美国的文官大体可以分为3种：[①] 第一种为普通

① The U. S. Office of Personnel Management. Handbook of Occupational Groups or Families, 2019.

文官，是通过公开竞争性考试择优录取的。① 第二种为高级文官，既有公开择优选拔录用的，也有政治任命的（如大使、内阁部长等），实行单独管理。② 第三种为特殊文官，也称未分类文官，如安全和情报机构；由于拥有独立的录用、工资和职位分类政策，故而不在这里介绍他们。③

二、相关法律法规

虽然比较多，但主要的是以下3部。

（一）《1978年文官改革法》

是绩效考核最重要的依据。

1. 改进普通文官的绩效评价体系

（1）各部门和机构的绩效考核体系须得到人事管理署的批准；

（2）绩效考核要建立在与工作相关的标准之上；

（3）鼓励文官参与绩效标准的制定；

（4）不在部门和机构外部处理申诉；

（5）结果可用于培训教育、奖励、任务再分配、晋升、降职、维持原级、解雇等方面；

（6）允许将绩效不合格的文官解雇；

---

① 胡登良、刘东华：《美国联邦政府专业职类或技术职类公务员职位管理》，《行政管理改革》2019年第5期。

② The U.S. Office of Personnel Management. Senior Executive Service Performance Management System. https://www.opm.gov/policy-data-oversight/senior-executive-service/performance, 2019.

③ U.S. Office of Personnel Management. Help Center: Entering Federal Service. https://www.usajobs.gov/Help/working-in-government/unique-hiring-paths/, 2017.

（7）授予功绩制保护委员会降级和解雇的权力。

2. 为高级文官建立独立的绩效考核体系

（1）细分杰出等级，最低限度的称职和不称职都是一级；

（2）各部门和机构的绩效评审委员会就推荐文官的最终评级提出建议。

3. 建立与绩效相关的奖励机制

（1）提供绩效奖励，但要达到杰出等级或者得到绩效评审委员会的推荐；

（2）设立功绩行政长官奖、杰出行政长官奖，为一般行政职类序列 13 职等—15 职等的主管特设的绩效奖。

（二）《政府绩效与结果法》

国会 1993 年通过，规定了政府绩效管理的根本目的、主要内容、责任确立、实施进程和部门关系。

1. 根本目的

（1）督促各部门和机构对绩效管理项目的结果负责，以提高公众的信任度；

（2）评估绩效管理要求的达标情况，公布相关计划，着手进行改革；

（3）协助有关人员完成绩效管理的预订目标，如制订计划、反馈结果、优化服务等；

（4）运用公共责任制约束联邦政府的行为和提高行政效率，使项目结果令公众满意；

（5）确保数据信息真实、全面、准确；

（6）改进联邦政府的内部管理。

2. 主要内容

包括以下三大部分。

（1）绩效规划，这是绩效管理的开始，具体的任务涉及确定负责的领域范围、提出公共服务的总体目标、实现的途径、分解战略规划、确认外部因素的影响、评估项目等。

（2）绩效计划，包括制订方案、建立指标、量化成效与目标间的差距、规定结果的核对方式等 4 个方面，覆盖 1 个财政年度。

（3）绩效报告，主要内容是：对比已完成的和正在计划中的目标，评论年度目标的实现情况，解释目标未完成的原因，发现评估中存在的问题，及时进行评估反馈等，覆盖 1 个财政年度。

3. 责任确立

1999 年以后，联邦政府在绩效计划中可以规定，文官如果主动放弃安置、补偿或奖励，就可参照当前的绩效标准增加工资。

4. 实施进程

（1）战略规划。1997 年 10 月之前，根据工作内容的差异，结合国会的年度政策，制定本部门或机构的规划。

（2）任务时限。一是战略规划要向国会和相关利益团体征求建议，其制定过程应超过 5 年，且每 3 年更新和修订 1 次；二是必须在规定的年度内提交人事管理署。

（3）成果转化。出台有关程序性的制度。

5. 部门关系

主要是该法同各部门和机构之间的关系，如审计总署要掌握该法的施行情况，并以报告的形式上交国会，由国会适时改正或废除。①

总之，这是政府绩效管理的专门法，有助于明晰责任与奖惩，提高工作主动性。

（三）《政府绩效与结果法修正案》

2010 年经国会批准出台，是对《政府绩效与结果法》的细化和调整，更具操作性。

1. 主要内容的充实

（1）绩效规划，更改了时限，与总统任期一致；附加对大致目标和长期目标的说明、服务政府优先绩效目标等内容。

（2）绩效计划，增加顾客服务评估、效率评估等新术语；明确实施优先绩效目标的主管部门和责任人；指出面临的挑战和非优先绩效目标的贡献；在网站公示后提交国会。覆盖连续的 2 个财政年度。

（3）绩效报告，要求必须及时更新相关信息，如成功实现绩效目标、证明数据可靠性和有用性等。最晚在 1 个财政年度后的 150 天内，提交总统和国会。

2. 表现形式的改变

增加了绩效规划与报告的格式条款，禁止以纸质形式对外发布文件；允许部门和机构列出 10% 的重复或过期的

---

① 参见美国联邦行政管理和预算局网站。

绩效报告，报行政管理和预算局批准后废弃。

3. 管理职能的延伸

拓展首席运营官的权限，由部门和机构的 1 名副职担任，协助领导抓好计划的执行和报告的撰写，并赋予其改善绩效的责任。[①]

该法旨在改进文官绩效管理系统，使之更加科学有效。2012 年，人事管理署、行政管理和预算局更新了文官的绩效考核系统，制定了标准化的框架，包括内容、流程等。

三、组织管理机构

1871 年成立的格兰特文官委员会，主要目标就是提高文官的工作绩效。依《彭德尔顿法》设置的联邦文官委员会，将绩效考核作为主要职能之一。

1978 年，文官委员会解散，其绩效考核职能由人事管理署、功绩制保护委员会和联邦劳工关系局取代。其中，人事管理署为政府各部门和机构提供人事管理指导、制定统一的指导性政策；功绩制保护委员会负责处理受到处分的文官的上诉；联邦劳工关系局监督各部门和机构成立工会，作为一个整体与其他组织进行谈判。

目前，人事管理署、各级人事部门是主要机构，实行在人事管理署统一指导下、各部门和机构灵活制订绩效考核计划的分散管理模式。

---

① 参见美国审计总署网站。

第三节　联邦普通文官的绩效考核

一、目标导向和行为主义的绩效考核制

工作相关性是建立一个可接受的绩效考核标准的前提。所谓工作相关性，是指考核时将文官的个人素质与绩效区别开来，且组织须证明所设立的评估标准与工作之间存在必要的联系。因此，虽然技能、知识、个人特质、行为、结果都可以成为绩效评估的标准，但只有后两项具有工作相关性，其他则属于个人的素质。①

美国文官绩效考核的另一特点是要求文官和主管共同参与计划的设立，这有利于提高绩效考核标准的接受度，避免对内容产生误解，也增强了体系的合法性。

根据《雇员绩效手册》，联邦政府对普通文官采取的360 度绩效考核方法②就具有鲜明的目标导向和行为主义色彩，主体多样，周期包含 5 个环节，以计划环节而不是评分环节为主。

二、主体：上级、下级、同事、本人、顾客

采用360 度绩效考核方法是为了获得更全面、更精确

---

① Stephen E. Condrey. Handbook of Human Resource Management in Government. 2th edn, Jossy - Bass, 2005: p. 506.

② The U. S. Office of Personnel Management. Employee Performance Handbook. https://www. opm. gov/policy-data-oversight/performance-management/measuring/employee_performance_handbook. pdf, 2017 - 03.

的信息反馈，来源不仅包括上级，还有下级、同事、本人和顾客，他们会评估文官 6 个方面的表现，即价值、团队合作、胜任情况、专业知识、业务技能和顾客服务，然后给出结论。①

人事管理署指出，不能把所有主体的评价都映射到每名文官的绩效考核中，因为选择 5 类主体是有目的的，例如，采用下级绩效考核能为文官提供有价值的发展指引，采用同事绩效考核在于使文官追求团队精神，采用顾客绩效考核旨在督促文官对顾客负责。②

三、周期：计划、监测、发展、评分、奖励

美国联邦文官的绩效管理并非仅是评分，事实上，这只是整个流程的一部分，甚至最不重要。除此之外，还包括计划、监测、发展、奖励 4 个环节，它们互相联系、循环开展，构成一个完整的周期（见图 3 – 1）。③

（一）计划

计划是最基础的环节，意味着确定了团队和个人的绩效目标，指明了努力的方向。因此，要允许文官参与自身绩效考核计划的制定，通常指要素和标准的设置，它们应

---

① Jay M Shafritz. Personnel Management in Government: Politics and Process, Marcel Dekker Inc, 2001.

② 胡晓东：《中美（联邦）政府公务员绩效管理比较研究》，《天津行政学院学报》2015 年第 5 期。

③ The U. S. Office of Personnel Management. Overview and History of Performance Management. https://www.opm.gov/policy-data-oversight/performance-management/overview-history/, 2019.

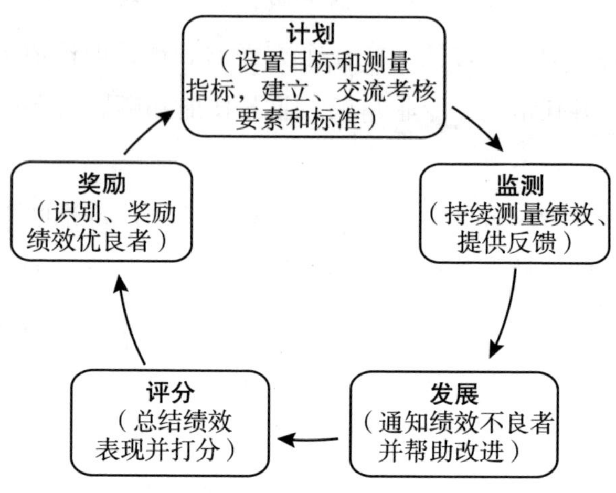

图 3－1 美国联邦文官绩效管理周期

资料来源：根据美国联邦人事管理署材料自制。

该是可理解的、公平的和能达到的，以便更好地了解组织的使命和实现的路径。①

（二）监测

监测就是持续跟踪绩效，并向文官及其团队反馈，以改进工作。在一个考核周期里，上级可以随时跟进文官的绩效并帮助提高。

（三）发展

发展是指通过培训教育、分配任务、提升团队合作等方法来增强文官绩效，在调换职位后尤为重要。发展需求

① The U. S. Office of Personnel Management. Employee Performance Handbook. https://www. opm. gov/policy-data-oversight/performance-management/measuring/employee_performance_handbook. pdf, 2017－03.

应该由文官及其上级共同商议决定。

（四）评分

基本流程是：根据计划设定的要素、标准对文官的各项表现打分，并借助公式推导出总分，以此确认评价等级。人事管理署允许采用二级、三级、四级或五级的模式，其中五级最为常见，包括不称职、基本称职、完全称职、非常称职和杰出；要素与总评等级不要求保持一致，后者能用数学方式，也可以是描述性的文字。①

（五）奖励

即认定和表彰文官对组织的贡献，不仅仅是物质的或荣誉的奖励，也可以是日常工作中的自然表达，如“谢谢”等口头赞扬。②

四、内容：围绕产出而非活动

绩效考核的内容在计划环节已经确定，具体的则随职位类别和等级的不同而有所区别。根据人事管理署规定，文官必须知道绩效考核的内容是什么，从而了解应该如何做以实现目标。

为引导文官行为、促进组织目标的实现，绩效考核的要素和标准应紧紧围绕产出而非活动展开。活动是文官采取的

---

① The U. S. Office of Personnel Management. Employee Performance Handbook. https://www. opm. gov/policy-data-oversight/performance-management/measuring/employee_performance_handbook. pdf, 2017 -03.

② The U. S. Office of Personnel Management. Performance Management Cycle. https: //www. opm. gov/policy-data-oversight/performance-management/performance-management-cycle/, 2019.

行动，产出是文官或工作单元（团队）的公共产品与服务，效果则是最终满意度（见图3－2、表3－3）。①

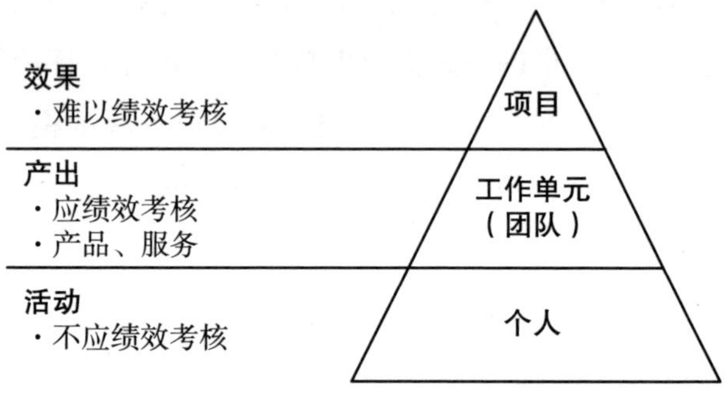

图3－2　联邦文官的绩效考核内容

资料来源：美国联邦政府颁布的《雇员绩效手册》。

表3－3　产出与活动的对比举例

举例	产出	活动
培训文官	否	是
想法与创新	是	否
完成一个项目	是	否
接电话	否	是
帮助团队成员	否	是
提出解决问题的办法	是	否

资料来源：美国联邦政府颁布的《雇员绩效手册》。

（一）产出—要素—标准

文官的产出可以根据要素进行划分，并进一步设计不

① The U. S. Office of Personnel Management. Employee Performance Handbook. https://www. opm. gov/policy-data-oversight/performance-management/measuring/employee_performance_handbook. pdf, 2017－03.

同的评价标准。要素使文官知道自己应该做什么，即个人的工作任务和职责是什么；而标准使文官知道做到哪种程度属于杰出。联邦法规界定了关键、非关键和附加要素3类要素，并确立了评价标准和比重（见表3－4）。[①]

表3－4　各类要素的异同

类型	是否必须包含在绩效考核计划中	对总评等级是否有影响	是否能评判一个团队的绩效
关键要素	是	是	否
非关键要素	否	是	是
附加要素	否	否	是

资料来源：美国联邦政府颁布的《雇员绩效手册》。

1. 关键要素是指一种任务或职责，文官一旦在这些方面的表现被评定为“不称职”，那么他总体就是“不称职”。文官的绩效考核计划中至少有1个关键要素，通常是3个—7个，一般用于个人层面的绩效考核，当文官是团队负责人时，也可以用于评价团队绩效。

2. 非关键要素用于个人、团队或组织层面的绩效考核，判断是否达到目标。它的分数低，个人虽然不受降级、解雇等处罚，也不会导致整体绩效“不称职”，但联邦政府却能改变其在要素中的比重，进而影响总评等级，并与奖惩挂钩。

① The U. S. Office of Personnel Management. Employee Performance Handbook. https：//www. opm. gov/policy-data-oversight/performance-management/measuring/employee_ performance_ handbook. pdf, 2017－03.

3. 附加要素与关键要素的适用范围一致，而不同之处就在于它不影响总评结果。

（二）行为锚定量表法和目标管理法

在绩效评估中，行为和结果是最重要的工具，由此形成了行为锚定量表法和目标管理法。①

1. 行为锚定量表法，也称等级评价法、行为决定性等级量表法或行为定位等级法，是由美国学者史密斯和德尔于20世纪60年代提出的。该方法将同一职位的工作可能发生的各种典型行为进行归纳比较，建立一个行为锚定评分表（见表3－5），以此为依据，测评文官的实际贡献，并确定等级。

表3－5　行为锚定评分表

<table>
<tr><td colspan="5">文官姓名：</td><td colspan="4">类别：</td></tr>
<tr><td colspan="5">考核时期：　　年　月　日　至　　年　月　日</td><td colspan="4">部门：</td></tr>
<tr><td rowspan="2">指导：根据判断在表格中填入分数；每个项目都应填写；应考虑文官和主管间的差别</td><td colspan="4">文官</td><td colspan="4">主管</td></tr>
<tr><td>不参与</td><td>优于预期</td><td>符合预期</td><td>需要改进</td><td>不参与</td><td>优于预期</td><td>符合预期</td><td>需要改进</td></tr>
<tr><td>1. 可靠</td><td></td><td></td><td></td><td></td><td></td><td></td><td></td><td></td></tr>
<tr><td>A. 守时</td><td></td><td></td><td></td><td></td><td></td><td></td><td></td><td></td></tr>
<tr><td>B. 不滥请病假</td><td></td><td></td><td></td><td></td><td></td><td></td><td></td><td></td></tr>
<tr><td>C. 没有无效加班</td><td></td><td></td><td></td><td></td><td></td><td></td><td></td><td></td></tr>
<tr><td>D. 缺勤的情况</td><td></td><td></td><td></td><td></td><td></td><td></td><td></td><td></td></tr>
<tr><td>E. 及时开展工作</td><td></td><td></td><td></td><td></td><td></td><td></td><td></td><td></td></tr>
<tr><td>F. ……</td><td></td><td></td><td></td><td></td><td></td><td></td><td></td><td></td></tr>
</table>

① Jay M Shafritz. Personnel Management in Government: Politics and Process, Marcel Dekker Inc, 2001.

续表

文官姓名:					类别:			
考核时期:　年　月　日　至　年　月　日					部门:			
指导:根据判断在表格中填入分数;每个项目都应填写;应考虑文官和主管间的差别	文官				主管			
	不参与	优于预期	符合预期	需要改进	不参与	优于预期	符合预期	需要改进
2. 态度								
A. 对工作感兴趣								
B. 忠于、支持组织								
C. 对同事的态度								
D. 对公众的态度								
E. ……								
3. 工作质量								
A. 彻底								
B. 有用和有效								
C. 及时完成								
D. 准确								
E. 有条理								
F. ……								
4. 自主性								
A. 明白需要做什么								
B. 无具体指示就能开始任务								
C. 全程跟进工作								
D. ……								
5. 判断								
A. 运用常识和逻辑								
B. 在压力下仍可作出适当的决定								
C. ……								
6. 合作								
A. 在规定的时间、地点工作								
B. 部门内的合作								

续表

文官姓名:					类别:			
考核时期: 年 月 日 至 年 月 日					部门:			
指导:根据判断在表格中填入分数;每个项目都应填写;应考虑文官和主管间的差别	文官				主管			
	不参与	优于预期	符合预期	需要改进	不参与	优于预期	符合预期	需要改进
C. 部门间的合作								
D. 与管理层(主管、行政部门、部门领导)的合作								
E. ……								
7. 工作数量								
A. 完成量								
B. 时间的利用率								
C. ……								
8. 安全								
A. 其他文官/参观者								
B. 个人的工作习惯								
C. 设备使用								
D. ……								
9. 学习与自我发展								
A. 工作相关的知识								
B. 知识、能力和技能水平的更新与提高								
C. ……								
10. 个人相关								
A. 适宜的穿着								
B. 卫生								
C. ……								

续表

文官姓名：					类别：			
考核时期：　年　月　日　至　年　月　日					部门：			
指导：根据判断在表格中填入分数；每个项目都应填写；应考虑文官和主管间的差别	文官				主管			
	不参与	优于预期	符合预期	需要改进	不参与	优于预期	符合预期	需要改进
11. 领导力								
A. 计划								
B. 组织								
C. 指导和协调活动								
D. 控制								
E. 承担责任的能力和意愿								
F. 问责								
G. 有效、高效的任用人员								
H. ……								
12. 整体评价								
意见：								
文官签名：						日期：		
主管签名：						日期：		
部门领导签名：						日期：		
签名意味着已经阅读上述绩效评价并已考虑文官与主管间的差异								

2. 目标管理法，源于美国管理学家彼得·德鲁克，他在1954年出版的《管理的实践》一书中，首先提出了目标管理和自我控制的主张。是由下级与上级共同决定具体的绩效目标、定期检查进度以及依据完成情况确定奖励或处罚的一种管理方式，属于结果导向型的绩效考核方法，即以实际产出为基础，重点评估工作的成效和劳动的结果

（见表3-6、表3-7、表3-8），从而使个人与组织的目标保持一致，使管理者不再将精力放到与之无关的工作上。

表3-6　目标管理绩效考核计划①

<table>
<tr><td colspan="3">文官姓名：</td><td colspan="2">职位：</td></tr>
<tr><td colspan="3">主管姓名：</td><td colspan="2">职位：</td></tr>
<tr><td colspan="5">绩效计划的时间：</td></tr>
<tr><td colspan="5">中期考核的时间：</td></tr>
<tr><td colspan="5">绩效考核的时间：</td></tr>
<tr><td colspan="5">考核期：从　　　　　　至</td></tr>
<tr><td colspan="5">有效期：</td></tr>
<tr><td colspan="5">结合知识检索系统的评分：</td></tr>
<tr><td>主要职责/结果</td><td>结果预期</td><td>追踪源/频率</td><td>实际结果</td><td>评分</td></tr>
<tr><td></td><td></td><td></td><td></td><td></td></tr>
</table>

表3-7　发展计划②

<table>
<tr><td colspan="2">A. 知识、技能、能力</td></tr>
<tr><td colspan="2">B. 培训和教育</td></tr>
<tr><td>主管的职责：</td><td>文官的职责：</td></tr>
<tr><td colspan="2">文官签名：　日期：　　主管签名：　　日期：　　管理者签名：　　日期：</td></tr>
</table>

---

① Jay M Shafritz. Personnel Management in Government：Politics and Process，New York：Marcel Dekker Inc，2001.

② 发展计划是一种分析文官优缺点的方法，旨在使文官采取有利于保持或提高工作绩效的行动，并发现需要进行额外培训教育的领域。在完成整体评分并与文官讨论过绩效考核结果后，该计划揭示出需要发展或加强的知识、技能和能力，也指出了有利于提高绩效的培训教育。主管和文官应该列出他们的职责，以确保在绩效考核前本计划可以完成。这份文件也应包含所有明确的提升计划或中期绩效考核所确定的活动。

表 3－8　整体绩效总结

<table>
<tr><td colspan="3">中期考核意见：
文官签名：　日期：　主管签名：　日期：　管理者签名：　日期：</td></tr>
<tr><td colspan="3">请基于各项预期,总结文官的整体工作表现：
整体总结评分：</td></tr>
<tr><td colspan="3">主管意见：　　　　文官意见：</td></tr>
<tr><td>文官签名：
(签名不意味着你同意上述结果,但意味着你已得悉上述结果)
日期：</td><td>主管签名：
日期：</td><td>管理者签名：
日期：</td></tr>
</table>

五、设计流程——以人事管理署联邦福利处为例

联邦福利处是人事管理署内设的退休服务办公室下面的一个小部门。以下是该部门文官绩效考核的设计流程。[1]

（一）步骤1：关注整体目标

绩效考核计划不能只是职位描述的翻版，而要结合组织的整体目标、围绕产出进行设计，倒推文官所应采取的行动和达到的水平。因此，在制订计划前应关注的问题有：部门和机构的整体目标是什么？每年的规划包括几个方面？

① 本小节所用表格均来源于：The U. S. Office of Personnel Management. Employee Performance Handbook. https://www. opm. gov/policy-data-oversight/performance-management/measuring/employee_performance_handbook. pdf, 2017－03.

测量指标有哪些？

例如，联邦福利处的整体目标是：

1. 供给，为退休文官提供服务和福利；

2. 多样性，建立和保持能激发文官最大潜能的环境；

3. 服务，根据联邦文官及其家庭的需要不断改进服务；

4. 整体性，在业务和财务方面成为联邦的模范机构。

年度测量指标，如确保 80% 的退休文官按时领到第一期养老保险金。

（二）步骤 2：关注工作单元（团队）的目标产出

工作单元是承担共同任务的文官群体，通常由 5 人—10 人组成，它的产出主要指文官产出的、属于部门和机构的公共产品和服务。由于各个工作单元的类型、形式和结构不同，因此，可以采用多种方法确定其产出，如目标分解法、顾客导向法和工作流程图法等。

（三）步骤 3：以文官的目标产出支撑工作单元

对个人绩效的评价指标能够用矩阵表示，填入的公共产品和服务就是衡量绩效的指标，所有指标都应该是可量化的、明确的。以联邦福利处为例，其绩效矩阵如下（见表 3 –9）。

表 3 –9　联邦福利处的下属部门的绩效矩阵

文官类别	工作单元的公共产品和公共服务		
部门主管	以较短的时间和较低的成本处理文官申请	积极回应新闻媒体	处理文官申请以增加人员数量

续表

文官类别	工作单元的公共产品和公共服务		
负责福利的文官	已经完成的申请审批量;提出改进处理程序的建议量	未参与	指导、培训、技术支持其他部门的文官
负责客户服务的文官	接到文官申请的数量	回应收到邮寄、书面的提问量;接听电话的数量	未参与

（四）步骤4：将个人目标产出转换为绩效要素和权重

在这一步，需要判断哪些目标产出应包含在绩效考核的要素中，并确定属于哪种要素类型，然后分配权重。以联邦福利处退休福利专员为例，其绩效要素及权重如下（见表3－10）。

表3－10　联邦福利处退休福利专员的绩效要素表

要素	类型	权重
已完成的退休申请	关键要素	50
改进工作的建议	附加要素	0
培训和指导等技术支持	关键要素	35
以最少的时间和最低的错误率处理申请	非关键要素	15
增加可以申请的文官数	附加要素	0

（五）步骤5：形成测量指标

在确定要素后，应考虑哪些指标能够测量出它们的完成情况，指标的选择通常关注以下几个维度（见图3－3）。

组织领导

· 组织战略与绩效计划目标

管理者、监督者

· 公众满意度
· 文官参加与创新
· 业务绩效

文官、工作团队

· 质量
· 数量
· 时间
· 成本

图 3－3　选择指标时可考虑的维度

这些维度的衡量既可以用数值和百分比，也能够用描述性的语言。退休福利专员的绩效考核指标如下（见表 3－11）。

表 3－11　联邦福利处退休福利专员的绩效考核指标

要素	类型	权重	维度	指标
已完成的退休申请	关键要素	50	质量	年养老金发放准确率
				工作完成质量
			数量	每周处理的申请数
			时间	每份申请处理的平均时间
改进工作的建议	附加要素	0	质量	工作改进的效率、生产率
			数量	提出建议的数量
			成本有效性	通过采纳建议而节省的成本
培训和指导等技术支持	关键要素	35	质量	信息准确度
				获得有效帮助的文官的比率
			时间	对其他文官请求帮助的回应时间
以最少的时间和最低的错误率处理申请	非关键要素	15	质量	团队处理业务的整体准确率
			数量	团队每周处理的申请
			时间	团队处理每项业务所花费的平均时间

续表

要素	类型	权重	维度	指标
增加可以申请的文官数	附加要素	0	数量	项目文官能够处理的申请的比率
			质量	处理养老金事务的准确率

（六）步骤6：形成指标的评价要求

每个关键要素的绩效考核指标都必须有评价要求，而非关键要素和附加要素的则可以没有。通常会设定五级制的评价要求，也可以采用三级制或二级制，其中完全称职是基本要求。

以下是退休福利专员的绩效考核指标的评价要求（见表3－12）。

表3－12　联邦福利处退休福利专员的绩效考核指标的评价要求

要素	类型	权重	维度	指标	基本称职	完全称职	杰出
已完成的退休申请	关键要素	50	质量	年养老金发放准确率	82%—87%的养老金发放是准确的	88%—93%的养老金发放是准确的	94%—97%的养老金发放是准确的
				工作完成质量	已完成82%—87%的养老金发放	已完成88%—93%的养老金发放	已完成94%—97%的养老金发放
			数量	每周处理的申请数	每周处理10个—12个申请	每周处理13个—16个申请	每周处理17个—20个申请
			时间	每份申请处理的平均时间	处理每个申请需要101天—110天	处理每个申请需要90天—100天	处理每个申请需要75天—89天

续表

要素	类型	权重	维度	指标	基本称职	完全称职	杰出
改进工作的建议	附加要素	0	质量	工作改进的效率、生产率	无	管理者和团队成员认为提出的建议是有价值的	管理者和团队成员认为提出的建议是有价值的
			数量	提出建议的数量	无	每年被采纳1个—2个建议	每年被采纳3个—5个建议
			成本有效性	通过采纳建议而节省的成本	无	节省成本10%以上	节省成本10%以上
培训和指导等技术支持	关键要素	35	质量	信息准确度	经常准确	经常准确	几乎始终准确
				获得有效帮助的文官的比率	50%—59%的文官得到的帮助是有效的	60%—80%的文官得到的帮助是有效的	81%—89%的文官得到的帮助是有效的
			时间	对其他文官请求帮助的回应时间	9个—12个工作日	4个—8个工作日	2个—3个工作日
以最少的时间和最低的错误率处理申请	非关键要素	15	质量	团队处理业务的整体准确率	无	88%—93%的养老金发放是准确的	94%—97%的养老金发放是准确的
			数量	团队每周处理申请的数量	无	每周处理220个—230个申请	每周处理231个—244个申请
			时间	团队处理每项业务所花费的平均时间	无	处理每个申请平均需要100天	处理每个申请平均需要75天—99天

续表

要素	类型	权重	维度	指标	基本称职	完全称职	杰出
增加可以申请的文官数	附加要素	0	数量	项目文官能够处理的申请的比率	无	项目文官能够处理的申请数达到35%—50%	项目文官能够处理的申请数达到51%—75%
			质量	处理养老金事务的准确率	处理养老金的准确度为88%—93%	处理养老金的准确度为94%—97%	无

（七）步骤7：持续监测绩效

在每一个评价周期内，应不间断地进行绩效监测，既有每年1次—2次的进步性评估，也包括考察组织领导能力和参加非正式绩效讨论中的表现。

信息反馈是实施绩效监测的必要途径，可以有多种来源，如360度绩效考核方法的反馈就来源于上级、下级、同事、本人和顾客5类。以退休福利专员为例，其绩效考核的信息反馈来源如下（见表3－13）。

表3－13　联邦福利处退休福利专员的绩效考核的信息反馈来源

要素	类型	权重	维度	指标	基本称职	完全称职	杰出	反馈来源
已完成的退休申请	关键要素	50	质量	年养老金发放准确率	82%—87%的养老金发放是准确的	88%—93%的养老金发放是准确的	94%—97%的养老金发放是准确的	办公自动化系统
				工作完成质量	已完成82%—87%的养老金发放	已完成88%—93%的养老金发放	已完成94%—97%的养老金发放	办公自动化系统

续表

要素	类型	权重	维度	指标	基本称职	完全称职	杰出	反馈来源
已完成的退休申请	关键要素	50	数量	每周处理的申请数	每周处理10个—12个申请	每周处理13个—16个申请	每周处理17个—20个申请	办公自动化系统
			时间	每份申请处理的平均时间	处理每个申请需要101天—110天	处理每个申请需要90天—100天	处理每个申请需要75天—89天	办公自动化系统
改进工作的建议	附加要素	0	质量	工作改进的效率、生产率	无	管理者和团队成员认为提出的建议是有价值的	管理者和团队成员认为提出的建议是有价值的	上级和同事
			数量	提出建议的数量	无	每年被采纳1个—2个建议	每年被采纳3个—5个建议	上级
			成本有效性	通过采纳建议而节省的成本	无	节省成本10%以上	节省成本10%—25%以上	办公自动化系统
培训和指导等技术支持	关键要素	35	质量	信息准确度	经常准确	经常准确	几乎始终准确	5类来源
				获得有效帮助的文官的比率	50%—59%的文官得到的帮助是有效的	60%—80%的文官得到的帮助是有效的	81%—89%的文官得到的帮助是有效的	5类来源
			时间	对其他文官请求帮助的回应时间	9个—12个工作日	4个—8个工作日	2个—3个工作日	5类来源

续表

要素	类型	权重	维度	指标	基本称职	完全称职	杰出	反馈来源
以最少的时间和最低的错误率处理申请	非关键要素	15	质量	团队处理业务的整体准确率	无	88%—93%的养老金发放是准确的	94%—97%的养老金发放是准确的	办公自动化系统
			数量	团队每周处理申请的数量	无	每周处理220个—230个申请	每周处理231个—244个申请	办公自动化系统
			时间	团队处理每项业务所花费的平均时间	无	处理每个申请平均需要100天	处理每个申请平均需要75天—99天	办公自动化系统
增加可以申请的文官数	附加要素	0	数量	项目文官能够处理的申请的比率	无	项目文官能够处理的申请数达到35%—50%	项目文官能够处理的申请数达到51%—75%	上级
			质量	处理养老金事务的准确率	处理养老金的准确度为88%—93%	处理养老金的准确度为94%—97%	无	办公自动化系统

（八）步骤8：调整考核计划

这是绩效考核设计的关键步骤，需要反思整个计划中的要素是否合理，指标和评价标准是否有效、公平、有灵活性（见表3－14）。文官本人也应该参与到调整中来，而不再是被动的执行者。

表 3 – 14　改进建议报告

<table>
<tr><td>地点：</td><td>文官姓名(手签)：</td><td>日期：</td></tr>
<tr><td>职位：</td><td>社会保障号：</td><td>时间：</td></tr>
<tr><td colspan="3">1. 需要改进的原因：
□出勤问题　□疏忽粗心　□不服从安排
□拖拉低效　□工作质量/数量问题　□不遵守程序
□其他：
请描述详情：</td></tr>
<tr><td colspan="3">2. 如果表现和行为不当，可能出现哪些后果：
□解雇　□失去职务　□其他：</td></tr>
<tr><td colspan="3">3. 为避免更严重的后果，文官应采取以下措施(请详细描述，以便文官可以评估进展)：</td></tr>
<tr><td colspan="3">4. 管理者将于　　之前判断文官的进步是否被认可</td></tr>
<tr><td colspan="3">5. 上述改进要求必须于　　之前完成</td></tr>
<tr><td colspan="3">我确认已收到上述报告的复印件：
文官签名：　日期：
管理者签名：　日期：
鼓励文官另附页表达意见。
复印给：文官　人事部门　管理部门</td></tr>
</table>

第四节　联邦高级文官的绩效考核

当前，美国形成了相对独立的、较为完整的高级文官绩效考核体系。

一、主体

主要有两个，即上级和绩效评审委员会。上级负责初步绩效考核，并将结果反馈给本人。如果有异议，则可以申请由绩效评审委员会进行高级核查。

各部门和机构都有绩效评审委员会，以便对初步绩效考核结果进行附加考察，并就总评等级、工资调整等情况向高级文官的领导提出书面建议，由此形成年度绩效考核结果。①

二、周期

一般从每年的10月1日起，至第二年的9月30日止，高级文官有权至少回顾1次本人的绩效，并需要被告知如何更好地改进。

为了持续监测绩效，最短的周期可以是90天，这意味着，在掌握了足够多的资料并达到最短时间的要求后，各部门和机构能随时进行绩效考核。另外，考虑到新录用的高级文官需要适应工作、熟悉环境，因此，联邦政府规定，从履新之日起120天内，不得进行绩效考核。②

---

① 方振邦、侯纯辉、陈曦：《美国联邦政府高级公务员绩效考核体系及借鉴》，《国家行政学院学报》2016年第2期。

② The U.S. Office of Personnel Management. Senior Executive Service Performance Management System. https://www.opm.gov/policy-data-oversight/senior-executive-service/performance, 2019.

三、内容

在人事管理署、行政管理和预算局确定的统一框架下，各部门和机构可以结合工作特点灵活调整绩效考核内容。一般而言，主要包括5项关键要素。

1. 领导变革，指能否建立并实施体现组织的使命、核心价值观、战略的愿景，能否准确预测和把握环境变化并据此作出相应的调整。

2. 领导人员，指能否设计并实施激发下属最大潜能的策略，确保其绩效考核计划与组织的使命相一致。

3. 商业才能，指能否运用有效的工具和手段管理好财务、人力、资源，从而提升公众满意度、实现整体目标。

4. 建立联盟，指能否与利益相关者建立良好的关系并获得足够的支持。

5. 结果驱动，指是否完成既定的任务，尤其是与组织的使命、战略相关的工作。

各部门和机构虽然可以根据实际情况分配权重，但按照人事管理署、行政管理和预算局的规定，分配给结果驱动的权重不得低于20%，而其他关键要素的权重不能高于结果驱动，且最低可以到5%。①

四、方法

主要采用行为锚定量表法，给出行为标准和5个绩效

---

① 方振邦、侯纯辉、陈曦：《美国联邦政府高级公务员绩效考核体系及借鉴》，《国家行政学院学报》2016年第2期。

等级，即不称职、基本称职、完全称职、非常称职、杰出。

首先，将文官的行为与标准进行比较，然后确定等级，每个等级对应一定的分值，从不称职到杰出分别对应 1 分—5 分。

其次，运用公式（各项关键要素的得分乘以权重并加总）推导出总评得分。需要注意的是，如果任何一项关键要素被评为一级，则总评等级直接划为不称职。

最后，按照一定的规则将总评得分转换为相应的等级，475 分—500 分、400 分—474 分、300 分—399 分、200 分—299 分依次对应五级、四级、三级、二级。

关于考核表的设计见表 3－15。①

表 3－15　美国联邦高级文官的绩效考核表

第一部分　确认（我已知悉此绩效考核计划并已被告知其调整部分）	
文官姓名：	周期：
文官签字：	日期：
主题：	组织：
评分部门或机构名称：	所属地区：
评分部门或机构签字：	日期：
第二部分　改进回顾	
文官签字：	日期：
评分部门或机构签字：	日期：
回顾部门或机构签字：	日期：

① The U. S. Office of Personnel Management. Employee Performance Handbook. https：//www. opm. gov/policy－data－oversight/performance －management/measuring/employee_ performance_ handbook. pdf，2017－03.

续表

<table>
<tr><th colspan="6">第三部分　总评等级</th></tr>
<tr><td>初步绩效考核：（上级给出）</td><td>5. 杰出</td><td>4. 非常称职</td><td>3. 完全称职</td><td>2. 基本称职</td><td>1. 不称职</td></tr>
<tr><td colspan="6">评分部门或机构名称：</td></tr>
<tr><td colspan="4">评分部门或机构签字：</td><td colspan="2">日期：</td></tr>
<tr><td colspan="4">文官签字：</td><td colspan="2">日期：</td></tr>
<tr><td colspan="4">回顾部门或机构签字：（可选）</td><td colspan="2">日期：</td></tr>
<tr><td colspan="6">高级评审（如果文官提出申请的话，由部门或机构的绩效评审委员会执行）</td></tr>
<tr><td colspan="4">我申请高级评审：</td><td colspan="2">日期：</td></tr>
<tr><td colspan="4">高级评审完成：</td><td colspan="2">日期：</td></tr>
<tr><td colspan="4">高级评审签字：</td><td colspan="2">日期：</td></tr>
<tr><td>绩效评审委员会意见</td><td>5. 杰出</td><td>4. 非常称职</td><td>3. 完全称职</td><td>2. 基本称职</td><td>1. 不称职</td></tr>
<tr><td colspan="6">签字：</td></tr>
<tr><td>年度总评等级</td><td>5. 杰出</td><td>4. 非常称职</td><td>3. 完全称职</td><td>2. 基本称职</td><td>1. 不称职</td></tr>
<tr><td colspan="4">录用部门或机构签字：</td><td colspan="2">日期：</td></tr>
</table>

<table>
<tr><th colspan="7">第四部分　归总公式与总评等级计算</th></tr>
<tr><th rowspan="2">关键要素</th><th colspan="2">要素得分</th><th rowspan="2">权重</th><th colspan="2">得分</th><th>总评等级</th></tr>
<tr><th>最初</th><th>最终（如有变化）</th><th>最初</th><th>最终（如有变化）</th><td rowspan="6">475 分—500 分 = 杰出
400 分—474 分 = 非常称职
300 分—399 分 = 完全称职
200 分—299 分 = 基本称职
有任一单项得分为不称职 = 不称职</td></tr>
<tr><td>1. 领导变革</td><td></td><td></td><td></td><td></td><td></td></tr>
<tr><td>2. 领导人员</td><td></td><td></td><td></td><td></td><td></td></tr>
<tr><td>3. 商业才能</td><td></td><td></td><td></td><td></td><td></td></tr>
<tr><td>4. 建立联盟</td><td></td><td></td><td></td><td></td><td></td></tr>
<tr><td>5. 结果驱动</td><td></td><td></td><td></td><td></td><td></td></tr>
<tr><td>合计</td><td></td><td></td><td>100%</td><td></td><td></td><td></td></tr>
</table>

资料来源：根据美国联邦人事管理署网站材料整理。[①]

① The U. S. Office of Personnel Management. Employee Performance Handbook. https://www.opm.gov/policy-data-oversight/performance-management/measuring/employee_performance_handbook.pdf, 2017-03.

五、结果运用

联邦高级文官的绩效考核结果将用于调整工资、给予奖励、判断是否需要培训教育、升降职位等方面。

第五节　州—地方文官的绩效考核

在美国联邦制下，州—地方均有权在参照联邦法律的基础上，出台文官绩效考核法规。在实际操作过程中，其形式与联邦的也大致相同。

地方政府是指联邦及州以下的政府，包括县、市、乡、镇、特别区等，主要有议会经理制、市长议会制、委员会制、城镇会议制和城镇代表大会制 5 类管理体制，前两类较为常见，典型代表分别是亚利桑那州菲尼克斯市（凤凰城）和纽约市。

下面将以城市经理为例介绍地方文官的绩效考核制度。城市经理是由市议会录用的文官，一般为政治中立的非党派人士，主要任务是以经济高效的方式执行议会的政策决定，管理市政日常运营。①

一、主体与周期

在议会经理制下，对城市经理进行绩效考核的主体是

---

① 王建民、肖志康、萧鸣政：《美国基层政府行政绩效考评实践及其启示》，《北京行政学院学报》2019 年第 3 期。

市议员。一般而言，任职 1 年及以上的，由市议员主持，一年一次；也有季度考核，但时间较短，不如年度考核正式。

二、内容

参考的是国际城市/县管理协会提出的 18 项要素：（1）文官效率；（2）政策便利化；（3）专业知识；（4）公众服务；（5）绩效衡量与管理；（6）主动性，冒险，愿景，创造力；（7）技术素养；（8）宣传与公众参与；（9）多样性；（10）预算编制；（11）财务分析；（12）人力资源管理；（13）战略规划；（14）人际交流；（15）演讲技巧；（16）媒体关系；（17）诚信；（18）个人发展。[①] 可根据实际情况挑选相对重要的几项考核，如 2015 年杜兰德市城市经理的绩效考核内容为：组织管理、财务管理、中长期规划、公共关系、文官管理、职业发展和个人特质。[②]

三、方法

一般采用行为锚定评分表对绩效进行评估，并给出相应的分数。为保证准确性和公平性，市议员每月都会对城市经理的表现进行记录；当某项的评级为不称职时，需要说明缘由和具体事项；独立完成绩效考核并各自签字。

基本流程如下：首先，城市经理使用与市议员相同的

---

① ICMA. Manager Evaluations Handbooks. http：//www. ca - ilg. org.

② Annual City Manager Performance Evaluation 2015. http：//michiganmayors. org.

表格进行自我评估，并由市长将其评估表和职位描述分发给所有的市议员；其次，匿名打分，再交由市长汇总；最后，将有关情况发给城市经理和所有的市议员，举行内部评审会议，反馈优缺点，确定提升领域并制定下一年度的绩效目标。会议结束后，市议会将对变更作永久记录保存。[①]

① 王建民、肖志康、萧鸣政：《美国基层政府行政绩效考评实践及其启示》，《北京行政学院学报》2019 年第 3 期。

第四章　美国文官的培训教育

美国文官的培训教育是指为文官提供技术、文书、行政等专业领域的学习机会，使其参与相关项目、课程、科目，以提高个人的绩效，进而实现整个部门和机构的使命和绩效目标。①

第一节　培训教育制度的历史沿革

1906 年，纽约市政府创建了市政研究局；1911 年，该局开办了公共服务培训学校，揭开了文官培训教育的序幕，此后各地类似的机构不断涌现。1924 年，学校迁到锡拉丘兹大学，与新成立的麦克斯韦尔公民与公共事务学院合并，首次创办了面向公共行政领域的、综合性的教育与培训课程。②

1917 年通过的《史密斯 - 休斯法》规定，工业和服务业雇员进行职业培训教育可以得到政府的补贴，文官也包含在内。该法第一次明确由联邦政府出资对文官进行职业

① Legal Information Institute. U. S. code: Section 4121. https://www.law.cornell.edu/uscode/text/5/part - III/subpart - C/chapter - 41，2019.

② 葛雅兰：《美国公务员培训制度及对中国的启示》，《湘潮》2014 年第 5 期。

培训，是建立规范制度的历史起点。

1930 年，赫伯特·胡佛总统（1929—1933 年）颁发行政令，要求文官委员会以及各部门和机构设立文官培训班，各级政府必须对文官开展培训教育，自此体系逐渐覆盖到全国。

1938 年，富兰克林·罗斯福总统授权文官委员会为管理机构，协调、规划各部门和机构文官的培训教育，开发设计课程，并与相关部门和社会机构（如各部教育司、公立或私立学校等）建立合作关系，以提高文官的业务素质。[①]

1958 年国会颁布的《政府雇员培训法》，成为美国第一部文官培训教育的专门法律，也是联邦各部门和机构开展有关工作的重要依据。这部法律明确了培训教育的原则、内容、方式、经费保障等基本框架，要求政府举办多种形式的培训教育以提高文官的工作效率，可以与社会组织合作进行培训教育。不过，该法主要关注联邦文官的培训教育。[②]

1970 年，国会通过的《政府间人事法》，详细规定了联邦和州文官培训教育的相关事宜，特别是对跨部门、跨机构作出更为明确的和科学的安排。1974 年，国会通过的《雇员综合培训法》规定，各部门和机构应对失业文官进行再就业培训教育。[③]

---

① Donald R. Harvey. The Civil Service Commission. Praeger Publishers. 1970: 15 - 16.

② 葛雅兰:《美国公务员培训制度及对中国的启示》,《湘潮》2014 年第 5 期。

③ 井敏:《美国公务员培训制度的特点》,《中国公务员》2003 年第 3 期。

《1978 年文官改革法》解散了原培训教育指导机构文官委员会，其职责由人事管理署接替。该法规定，人事管理署统一规划、协调、监督各部门和机构制订文官培训教育计划，并要求它们保存计划、支出和活动记录，再通过电子数据收集系统进行提交。

20 世纪 90 年代以来，美国开始大力发展线上文官培训教育体系。1993 年，克林顿政府提出“信息高速公路”计划，旨在建立数字化大容量的光纤通信网络。项目的开展实现了政府部门、学术机构、企业等组织的计算机网络化，为线上文官培训教育奠定了基础。1994 年，克林顿政府颁布了《教育改革令》，提出要建设现代教育网络，通过多种形式开展文官培训教育。1999 年，又实施了一项新的计划——“随时随地学习伙伴关系”，提供远程学习途径。①

经过不断地调整、演进，美国逐步形成了以法律为支撑、人事管理署统一协调规划、各部门和机构灵活开展的文官培训教育体系。

第二节　现代文官培训教育体系的运作基础

一、法规政策依据

《政府雇员培训法》《政府间人事法》《雇员综合培训

---

① 张相林、杨琼：《美国公务员在线培训体系述评及其启示》，《中国行政管理》2009 年第 6 期。

法》《1978 年文官改革法》《财政部、邮政署和一般政府拨款法》《财政部与一般政府拨款法》等法律都与文官培训教育有关。此外，总统签署的行政令也是重要规则。不过，人事管理署一般将《美国法典》[①] 和《联邦法规汇编》作为法律依据。

（一）《美国法典》第 5 编第 41 章

该章是当前最主要的法律依据，对培训教育的定义、对象、费用、部门和机构的职责、计划的设立等都有详细的规定。明确部门和机构的负责人都要建立、维护和评估至少一个培训教育计划，应包含标准、对象、原则、方式、机构等必要信息；文官的培训教育既可以通过政府组织进行，也可以选择与社会组织合作。人事管理署有监督、指导、协调各部门和机构制订培训教育计划的职责，有收集各类信息的权力，以及评估和监督开展的情况。

（二）《联邦法规汇编》第 5 编 B 节第 410 章、第 412 章

这两章是对联邦文官培训教育的详细规定，包含各部门和机构负责人的职责、文官的选择、计划的范围和方式、文官的职责、资助等内容，这与《美国法典》基本相似，而不同之处在于：根据其岗位是否属于管理层，区分了普通文官，并对他们的培训教育作出了进一步规定。

1. 各部门和机构应分别制订管理层和非管理层普通文官的培训教育计划，对于前者，主要是提升管理能力、工

---

① 《美国法典》是对美国已生效的各类法律条款的汇编，其章节标题可能与原法律并不一一对应，但常被作为成文法直接引用，具有法律权威。

作能力，确保管理的连续性；对于后者，重在提升工作能力和绩效。

2. 联邦高级文官的培训教育计划旨在培养具有强大潜力的文官，以符合要求并授权担任相应职等的预备资格。任何部门和机构在开展培训教育前都必须向人事管理署提交申请，得到正式批准；而且每5年须重新提交并获批准，如果在实施前有变更，还须咨询人事管理署。

（三）主要的行政令

1967年的11348号行政令和1978年的12107号行政令进一步明确了文官委员会（1978年后为人事管理署）在文官培训教育方面的职责与权力：协助各部门和机构制订合理的财务计划，提供预算编制、方案评估等方面的信息咨询服务；鼓励各部门和机构适当利用社会组织的资源，总结和传播技术研究成果、承担相关研究项目；公平地提供培训教育，不应考虑种族、信仰、肤色、国籍、性别等因素。

1999年，比尔·克林顿总统签署的13111号行政令规定，成立联邦培训技术工作组，并在2年后结束有关任务；鼓励借助科学技术节省成本，并提供更多的机会；各部门和机构应配合总统联邦培训专责小组发展用于培训教育的新平台，推动公共部门与私人部门展开合作。

二、管理和培训教育机构

（一）管理机构

1. 联邦有人事管理署、行政管理和预算局等。在实际运作中，还需要国防部、劳工部、交通部、财政部等部门的配合。

人事管理署是主要的管理机构，下设培训教育和发展执行小组。使命是制定指导性政策，督促各部门和机构进行战略性投资；提供技术、信息等服务，助推计划的实施。

2. 州—地方一般由人事厅统筹、各部门和机构合力完成。人事厅负责制订、协调、监督辖域内的政策，组织跨部门的或者相关领导的培训教育。①

（二）培训教育机构

一般来说，分为政府性质的和社会组织性质的两大类。

1. 政府性质的培训教育机构

主要有各级行政学院、人力资源部门、国会图书馆、政府印刷办公室和独立机构等。美国联邦行政学院专门聘请各部门和机构的高级官员、企业家担任兼职老师，负责上台讲授、组织小组研讨等。各州也设有培训教育机构，如加利福尼亚州文官服务署人力资源服务局，常设人员3名—5名，如果有任务，就会从人才库中临时聘用专职的或者兼职的教师。

2. 社会组织性质的培训教育机构

主要有大学、高级行政协会、创意领导力中心、哈佛商业评论等。选派文官到大学进修是常见的培训教育方式。美国600多所设立了管理学院的大学，都能开展文官的培

---

① 杨琼：《美国公务员在线培训体系述评及其启示》，《中国行政管理》2009年第6期。

训教育，如加利福尼亚大学戴维斯分校。大学中从事此项工作的教师分为专职和兼职两类：前者的要求比较高，一般拥有博士学位，研究成果较多，且在学术界的声望也较高；后者是曾在公共部门任职的和政府工作经验较为丰富的高级管理者。①

目前，美国文官的培训教育体系越来越重视科研机构和高等院校，一方面，便于充分利用社会资源，因为它们拥有强大的师资力量，效果也比政府性质的更好；另一方面，有助于节约开支、降低管理成本。目前与联邦政府合作的主要科研学术机构如下（见表4－1）。

表4－1　与联邦政府合作的主要科研学术机构②

合作机构	优惠	参与资格	培训方式
美国天主教大学大都会专业研究学院	免申请费；为线上和线下课程提供10%的奖学金	联邦文官	提供线上、线下以及混合培训教育
中密歇根大学	免申请费；培训教育费减免15%	联邦文官及其配偶、家属	提供线上、线下以及混合培训教育
尚普兰大学	免申请费；为选择在线本科、研究生培训教育项目的人员最多提供50%的费用减免	联邦文官及其配偶（伴侣）和23岁以上的家属	仅提供在线培训教育

① 葛雅兰：《美国公务员培训制度及对中国的启示》，《湘潮》2014年第5期。

② The U. S. Office of Personnel Management. Training and Development Policy Wiki. https：//www. opm. gov/wiki/training//Our － Academic － Partners. ashx，2019.

续表

合作机构	优惠	参与资格	培训方式
南新罕布什尔大学美国学院	免申请费；免150美元的毕业费；目前6个月的培训教育费为1500美元	联邦文官及其配偶、部分家属	仅提供在线培训教育
德雷塞尔大学	培训教育费减免10%—40%	联邦文官及其配偶和23岁以上的成年家属	仅提供在线培训教育
怡东学院	为20%的研究生项目、15%的本科生项目提供较为优惠的培训教育费用	联邦文官及其配偶或伴侣	仅提供在线培训教育
乔治城大学继续教育学院	10%的奖学金	联邦文官	提供线上、线下培训教育
佩斯大学	部分项目减免20%的培训教育费，顶尖项目减免50%的培训教育费	联邦文官	仅提供在线培训教育
帕克大学	本科项目减免16%的培训教育费；研究生项目减免12%的培训教育费	联邦文官及其配偶或合法伴侣	提供线上、线下以及混合培训教育
宾夕法尼亚州立大学	免除5%的培训教育费	联邦文官及其配偶或合法伴侣	提供线上、混合培训教育
圣玛丽明尼苏达大学	免申请费；减免10%的培训教育费用	联邦文官及其配偶或合法伴侣	提供线上、线下以及混合培训教育

续表

合作机构	优惠	参与资格	培训方式
马里兰大学法学院	减免10%的培训教育费	联邦文官及其配偶或合法伴侣	提供线下培训教育，部分项目有线上培训教育
马里兰大学史密斯商学院	视情况最多提供30%的费用补助	联邦文官及其配偶	提供线上、线下培训教育
马里兰大学大学学院分校	免申请费，部分项目减免5%或25%的培训教育费	联邦文官及其配偶或合法伴侣	提供线上、混合培训教育
尤蒂卡学院	免申请费；培训教育费减免10%	联邦文官及其配偶或合法伴侣	提供线上培训教育

三、资金来源与支持

（一）经费来源

包括政府财政投入、个人资金、其他组织的捐款。美国政府在这方面的投入较大，费用列入每年的预算，且有最低比例的要求。目前，财政支出约占国家行政管理总经费的2%—3%，并有不断增加的趋势。

具体而言，经费实行分级负责制，其中，1/4为联邦政府拨款，其余部分由各级政府自行筹措。[①]

（二）资金支持

各部门和机构通过获得的拨款和资金，支付或补偿培

① 张东旭著：《美国公务员培训制度研究》，辽宁大学2013年硕士学位论文，第11页。

训教育期间的全部或部分工资（加班费、假期补助和夜间费用除外），以及所需的其他费用，一般包括：

1. 交通费和每日津贴；
2. 注册费；
3. 图书馆和实验室服务费；
4. 购买图书、资料和必需品的费用；
5. 直接相关的设施费。①

参加与提高管理、绩效有关的会议，可报销差旅费。

即使缩减预算，也必须继续开展文官的培训教育，但可以通过限制到外部的人数、提供在职的和在线的培训教育、免费的网络研讨会等方法控制成本。

（三）个人学习账户

联邦培训技术工作组为联邦文官建立了个人学习账户，并于 2000 年 3 月—8 月进行了为期 6 个月的试点，随后推广开来。

与银行账户类似，它是一种灵活、方便的工具，旨在将培训教育从一次性的、必要性的转变为持续性的、战略性的，同时更好地平衡工作和学习时间。通过该账户，文官不但能够管理资金、支付费用，还可以选择想要的学习内容、方式。

所属部门和机构提供的经费是个人学习账户的重要资金来源。例如，美国疾病控制中心每年为全职文官提供

① 美国国会众议院法律修订咨议局编：《美国法典：宪法行政法卷》，《世界各国法律大典》总编译委员会编译，中国社会科学出版社 1993 年版，第 338 页。

1000 美元补贴，上限为 3000 美元。[1] 同时，鼓励文官多在未来发展方面进行财务投资，主动为该账户充值来获得培训教育。

第三节　联邦普通文官的培训教育

一、人员选择

文官是否需要参加培训教育虽然由各部门和机构的负责人决定，但本人也可以主动申请。基于公平公正的原则，通常要符合以下 3 种标准：

1. 上级认为工作表现不佳；
2. 希望进一步提高绩效和工作能力；
3. 绩效考核结果不佳，根据规定必须参加的情况。

二、分类和内容

按照对象，可以划分为新任文官、在职文官和高级文官等的培训教育；按照目的，可以划分为入职、绩效改善、再就业、使命、换岗、沟通协调能力等的培训教育；按照内容，又可以划分为基础能力、升职等的培训教育。比较普遍的类型如下。

（一）职前培训教育

是指入职前的技能培训教育，有助于预先了解工作内

---

① The U. S. Office of Personnel Management. Individual Learning Accounts. https://www. opm. gov/WIKI/training/Individual-Learning-Accounts-ILA. ashx,2019.

容、环境，更快地进入角色。可分为两种情况，一种是对即将成为文官的人员，内容比较基础，包括文字处理、计算机使用、职位要求等；另一种是对接到调换命令、履新前的在职文官。[①]

（二）在职培训教育

是工作一段时间后的培训教育，属于进修式的，既是核心的又是总量最大的，基本覆盖了文官的职业生涯，主要目的是提升能力，使其有更好的表现。

这种培训教育一般比较有效，因为文官可以通过实际操作获得必要的知识和技能，并很快地应用在工作岗位上。人事管理署规定，文官每年要接受至少1次，[②] 内容包括法律、计算机、会计、统计、道德等，可根据工作需要选择。以道德课程为例，由监察官、管理专家或律师团队担任教师，通常采用讲座、视频、案例教学、游戏等方式进行小组教学，涉及道德知识普及、相关法律法规讲授等，每次持续3.5个小时。此外，登录信息资源网站和线上图书馆能够下载道德法规、指导手册、讨论大纲、计划安排等材料。[③]

（三）再就业培训教育

包括各种职业技能，可以灵活选择，目的是使失业的

---

① The U. S. Office of Personnel Management. Training and Development Policy Wiki. https://www. opm. gov/wiki/training//Our-Academic-Partners. ashx, 2019.

② 李和中著：《比较公务员制度》，中共中央党校出版社2003年版，第90页。

③ 熊节春、张芳山：《美国公务员在职伦理培训模式及其启示》，《中国行政管理》2015年第4期。

文官拥有再就业能力，也有利于文官的精减和流动，克林顿政府由此顺利地减少了约28万文官。①

（四）管理层文官培训教育

为了提升监督和管理能力，各部门和机构都应为有领导潜质的文官提供培训教育；通过分享知识、想法和经验，培养管理者后备人才。

对管理层的文官，在任职的1年里须为其提供培训教育，并定期跟进，至少每3年1次，也可额外安排；②要签署书面文件，以保证计划符合部门和机构的需求，使受训者理解组织的使命。一般而言，以下4类文官可参加：

1. 担任导师的文官；
2. 希望提高绩效的管理层文官；
3. 根据绩效评估结果需要进行培训教育的管理层文官；
4. 处于职位晋升的关键时期的文官，如从非管理层晋升到管理层的文官。

重点关注的是领导、管理等能力的提升，常见的课程及主要信息如下（见表4－2）。③

---

① 井敏：《美国公务员培训制度的特点》，《中国公务员》2003年第3期。

② The U. S. Office of Personnel Management. Training and Development Policy Wiki. https://www. opm. gov/wiki/training//Our-Academic-Partners. ashx, 2019.

③ The U. S. Office of Personnel Management. Courses for Federal Employees. https://www. opm. gov/WIKI/training/Courses-for-Federal-Employees. ashx, 2019.

表 4－2　美国管理层文官培训教育的课程及主要信息

提供机构	课程内容
政府部门提供的课程	信息技术安全
	总务管理局课程
	依法委托与中介
	项目管理
	档案管理
	保险与健康
哈佛商学院出版社提供的课程	电子学习课程
	基本领导力
	哈佛管理导师课程
人力资源部门开发的课程	无
	无
卡尔塔公司开发的线上课程	信息技术安全
无线网络教程公司开发的线上课程	会计与金融
	行政支持
	沟通技巧
	战略规划
	团队建设
Skillsoft 公司开发的线上课程	商业凭证
	商业技能课程
	环境、安全、健康与交通
	联邦政府
	信息技术终端用户课程
	信息技术专业证书
	信息技术专业课程
	知识中心课程
	法律事务训练课程
	信息技术技能课程
	遵纪守法课程
	测试准备课程
	工作场所规章遵守课程

（五）培训教育者培训教育

导师一对一指导是美国文官培训教育的重要方式。导师本质上是激发其他文官潜力的帮助者，通常由管理层文官担任，非管理层的也可以申请参与专业培训教育成为导师，这就是对培训教育者的培训教育。① 如美国国立卫生研究院国家癌症研究所，就为一般行政职类序列 13 职等以上的管理人员提供了导师培训教育，有资格的文官通过自主申请或领导推荐参与，教师主要由具有专业导师资格认证的人员担任。②

三、方法

应根据需求和对象的不同选择有针对性的方法，以追求较好的效果。

（一）线下培训教育

是指教师与文官面对面进行的培训教育，主要有以下几种：

1. 案例教学

是应用最多的方法。教师会给出具体案例，包括背景、过程和现状，然后提出问题，要求文官指出面临的困境并设计解决方案。案例教学有助于文官主动参与，受到普遍欢迎。哈佛大学肯尼迪学院拥有至少 1300 个案例，在实际

---

① The U. S. Office of Personnel Management. Coaching in Government. https://www. opm. gov/WIKI/training/Coaching-in-Government. ashx, 2019.

② The U. S. Office of Personnel Management. Mentoring and Coaching in Government. https://www. opm. gov/WIKI/training/Mentoring-and-Coaching. ashx, 2019.

的培训教育过程中起到了很好的辅助作用。

2. 模拟教学

是常见的方法之一，在模拟真实的情境中，通过扮演相应的角色来训练文官的业务能力。为更加贴合实际，经常聘请政府官员尤其是高级官员来做兼职教师，指导模拟训练的开展。①

3. 传统课堂

通常用于教授理论知识，主要特点是：在教室上课，以老师讲授为主，辅以文官听课做记录；一般采取一名老师给多位文官授课的形式，特殊情况下也一对一，有利于面对面地交流和及时地沟通。②

4. 现场观摩

也称技能示范，是指到政府部门和机构或大型企业去感受工作环境，了解情况，接触管理人员，并通过技能熟练者的示范来学习如何处理问题。文官在此过程中不仅接受了丰富的理论知识，还进行了如统计、政策分析等方面的大量练习。③

5. 小组教学

就是将文官划分为若干个小组开展授课、互动、交流等活动，既促进了文官之间的沟通，增强团队合作意识，

---

① 葛雅兰：《美国公务员培训制度及对中国的启示》，《湘潮》2014 年第 5 期。

② 张东旭著：《美国公务员培训制度研究》，辽宁大学 2013 年硕士学位论文，第 15 页。

③ 王昊旸著：《美国公务员培训制度及对中国的启示》，东北师范大学 2010 年硕士学位论文，第 14 页。

又在讨论中提升了专业素养。①

此外，工作循环训练、特殊会议以及休职计划也是常用的方法。②

（二）线上培训教育

近年来，由于线上培训教育更具灵活性，课程更丰富，费用也相对较低，因此逐渐成为主要的方法。

1. 在线培训教育网站

美国政府 2000 年 9 月开通了门户网站——“第一政府”（https：//www. usa. gov/），主要栏目之一就是“面向联邦文官”，包含了培训教育与职业发展内容，有丰富的电子学习课程，文官可以查询到各种计划或项目。

2001 年，美国政府启动电子培训教育方案，为了创造一个电子学习环境。该方案通过简便易行的形式，提供高质量的服务，培养高素质的文官队伍，从而确保政府较好地履职。

2002 年 7 月 23 日，人事管理署创建了政府“在线学习中心”网站（https：//usalearning. gov/），专门针对文官开展远程教育，可以通过政府补贴或者个人购买的方式获得登录和在线学习的资格，选择适合自己的课程。使用注册密码就能进入课程区，在虚拟的教室里点击人际交流、项目管理、市场管理等 3000 多种有偿或免费的专题；专家也

---

① 葛雅兰著：《美国公务员培训制度及对中国的启示》，《湘潮》2014 年第 5 期。

② 井敏：《美国公务员培训制度的特点》，《中国公务员》2003 年第 3 期。

可借助网络有针对性地进行个别辅导。①

2. 借助新技术的培训教育

技术的快速发展打破了工作场所的限制，并通过影响人际交流和合作改变了学习方式。美国许多机构已经开始运用新技术、新工具来降低成本，也有利于课堂外的持续学习。

（1）线上会议。是教师通过互联网进行实时会议、培训教育和演示的一种方法，它使文官有机会提问并参与民意调查，当前常用的工具有 WebEx Meeting②、Adobe Connect③、Goto Meeting④ 和 Live Meeting⑤。

（2）社交网络、虚拟社区。通过网站结成社交群，在其中发展友谊、寻找专业联系、分享兴趣、交流知识和信息。教师和文官可以在培训教育前后分享相关文章，组织网络研讨会。

（3）播客。是数字广播技术的一种，通过特定软件将文

---

① 张相林、杨琼：《美国公务员在线培训体系述评及其启示》，《中国行政管理》2009 年第 6 期。

② WebEx Meeting，1996 年发明的一款网络视频会议工具，工作团队使用浏览器、移动或视频设备与任何人进行协作。该工具集音频、视频和内容于一身，通过计算机云技术提供高度安全的网络会议体验。

③ Adobe Connect，是一个供多位用户参与的实时联机的虚拟网络办公室，也是用来举行会议的在线应用程序，它包含各种显示面板（窗格）和组件，具有多种预置的布局，还可以自定义布局。通过网络会议室，文官共享计算机屏幕或文件、聊天、广播音频和视频以及参加互动在线活动。

④ Goto Meeting，是一个可容纳 25 人召开网络视频会议的服务平台，界面简单易用、连接快速实时、传输安全保密。利用固定费用无限制使用模式，可以经常使用。

⑤ Live Meeting，即 Microsoft Office Live Meeting，是一种托管的网络会议服务，它通过企业级服务在联机会议、培训中连接观众并让其参与。文官可以发表演讲、启动项目、进行集体讨论、编辑文件，而成本较低且无须出差。

件下载到计算机和相应的播放器上，根据工作量和自身实际，灵活地安排学习。教师能够创建课程资源，方便下载和收听。

（4）博客和微博。前者通过在线期刊的形式分享观点，反思和讨论所学内容；后者是当前流行的分享知识和资源的一种工具，教师借助它来创建课程社区，发布相关的作业和信息。文官利用它总结学到的东西，进行非正式的交流。

（5）集成协作环境①。是跟进项目和沟通信息的虚拟空间，文官访问工作区，上传并共享文件。当前常用的工具有 SharePoint②、Google Apps③、Google Docs④、Zoho Workplace⑤ 和 MOODLE⑥。

（6）维基。是供多人协同创作的网络超文本系统，由

---

① 集成协作环境，是整合大型单位应用系统的信息技术解决方案，包括邮件系统、强大的工作流引擎、移动办公平台、团队协作空间等，使软硬件和信息资源能充分地、有效地共享利用，降低管理成本。

② SharePoint，是微软公司研发的基于网络信息技术的企业级协作平台。通过它，教师或文官可以共享文档、与同事协作完成某项任务以及自动触发某个工作流程等，还能与其他的产品和平台进行交互和通信。

③ Google Apps，是谷歌公司提供的一款“软件即服务”的产品，用于消息传输、协作和安全，以便文官之间保持联系，提高工作效率，降低成本，还可与其他系统共同构建新的应用程序。

④ Google Docs，即谷歌文档，是一套在线办公软件，包括电子文档和演示文稿。教师能轻松地执行所有的基本操作，包括编制项目列表，按列排序，添加表格、图像、注释、公式，更改字体等，是完全免费的。

⑤ Zoho Workplace，是一个集成的网络工作空间，其电子邮箱与在线办公套件可用于创建、共享及异地协同编辑和管理文件，召开网络会议、在线培训会，实时聊天等，有助于提高团队协作效率。

⑥ MOODLE，是一个课程管理系统，也被称为虚拟学习环境。主要设置了作业、投票、论坛、测验、问卷调查、互动评价等模块。文官选择一种语言应用界面，指定自己的时区和相关的数据；建立一个在线档案，包括相片、个人描述、电子邮箱地址。如果一段时间不参加活动，管理员会取消其注册资格。

美国人沃德·坎宁安于 1995 年发明。通过它，教师创建阅读列表，文官跟进课程学习，组织者发布流程。

(7) 社交网摘。能够在线收集和存储网摘[①]、标记关键词以及共享笔记，便于教师更新课程清单和文官补充学习材料。

(8) 虚拟现实[②]。文官在虚拟教室、会议空间参加研讨会，进行各种真实情况的模拟训练，包括抢险、医疗急救等。当前常见的工具有第二人生[③]和 ProtoSphere[④]。

(9) 移动学习。是美国当前着力开展的领域，侧重于通过移动设备（如笔记本电脑、手机、电子书等）在各种环境和地点学习，便于文官随时访问在线课程和资源，也有利于开展评估和监督。

四、流程

（一）需求评估

课程安排是根据学院自身需求和工作目标设置的，重

---

① 网摘，是一种提供收藏、分类、排序、分享互联网信息资源的新技术服务方式。使用它存储网址和相关信息列表，借助标签对网址进行索引，对知识进行有序分类，有助于兴趣相同的文官分享和交流信息。

② 虚拟现实，又称灵境技术，是 20 世纪发展起来的集电子信息、仿真等于一体的高新技术，通过计算机来创建虚拟环境，从而给文官以身临其境的感觉。

③ 第二人生，是一个基于因特网的虚拟世界，2003 年由林登实验室推出。2006 年，上线培训教育项目，只提供虚拟用地，土地上的一切由机构自己决定。文官通过可运动的虚拟化身开展社交；参加个人的或集体的活动，制造和相互交易虚拟财产。

④ ProtoSphere，是一款创建 3D 虚拟世界的软件，专门为文官提供培训教育的机会，相关部门和机构可以组织逼真的虚拟会议和活动，节省了大量的交通和人力成本。

在培养文官解决实际公共问题的能力。因此，需求评估是设置文官培训教育计划的第一步。首先，各部门和机构要对需求进行调研分析，依据结果制订计划。该计划应与其使命、职责相一致，包含了培训教育的原则、标准、方式等具体信息。其次，基于整体计划和课程设置，文官可以按照职业发展方向自主选择课程、机构和教师。

需求评估包括 3 个层次：一是组织层次，旨在确定部门和机构需要什么样的人才，应考虑人口变化、政治趋势、技术和经济变化等因素；二是职业层次，旨在确定文官所需的技术、知识和能力，有助于了解当前存在的差距，掌握改进的方向；三是个人层次，旨在通过分析文官的工作表现，知道其需要提升的能力。①

（二）申请报名

任何人感到工作能力不足，只要领导批准，就可以报名，不受职位、背景和名额的限制。此外，当上级考核评估下级不能胜任工作时，也会指派其去参加培训教育。方式包括网上报名和到管理机构直接申请两种。

（三）自主选择

各培训教育机构应发布课程内容、教学方法、出勤政策和可替代的机会等信息，以供选择。时间由文官根据实

① The U.S. Office of Personnel Management. Planning and Evaluating of Training and Developing. https://www.opm.gov/policy-data-oversight/training-and-development/planning-evaluating,2019.

际情况安排，晚上、节假日均可，只要能修完规定的学时就行。[①]如果希望文官必须参加，就需要考虑宗教、医疗和身体等因素，提供住宿。[②]

为更好地服务，很多机构推出了定制项目。比如，布鲁金斯学会就提供了个性化的培训教育，在时间、地点、内容的设置上非常灵活。文官既能在自己的工作单位，也可以前往布鲁金斯学会或随意的休闲地点上课；时间从一天到一周不等；内容包括政府机构、热点问题、领导力等，根据情况自行决定。[③]

（四）评估反馈

培训教育评估包括文官自评、教师授课评价、成绩、绩效跟踪等环节，一般借助数学模型进行比较分析。[④]

培训教育计划评估是衡量计划的价值的过程，人员包括管理者、文官、机构评估员、教学设计者等，[⑤] 内容涉及材料准备、教师水平等方面，结果用于改进其他的环节，如教学设计、实施等。以下是人事管理署提供的效果评估表模板（见表4－3）。

---

① 葛雅兰：《美国公务员培训制度及对中国的启示》，《湘潮》2014 年第 5 期。

② The U. S. Office of Personnel Management. Training and Development Policy Wiki. https://www. opm. gov/wiki/training//Our-Academic-Partners. ashx,2019.

③ 李婧：《美国智库布鲁金斯学会决策服务的新视角——决策培训的传承与开拓》，《科技文汇》2013 年 7 月（下）。

④ The U. S. Office of Personnel Management. Planning and Evaluating of Training and Developing. https：//www. opm. gov/policy－data－oversight/training－and－development/planning－evaluating，2019.

⑤ The U. S. Office of Personnel Management. Training Program Evaluation. https：//www. opm. gov/WIKI/training/Training－Evaluation. ashx，2019.

表 4-3 培训教育效果评估表模板

<table>
<tr><td colspan="2">课程/主题:</td><td>评分</td><td>频率</td></tr>
<tr><td colspan="2" rowspan="3">教师:</td><td>1</td><td>从来没有</td></tr>
<tr><td>2</td><td>偶尔</td></tr>
<tr><td>3</td><td>一半</td></tr>
<tr><td colspan="2" rowspan="3">评估人:</td><td>4</td><td>大多时候</td></tr>
<tr><td>5</td><td>经常</td></tr>
<tr><td>0</td><td>不适用</td></tr>
<tr><td>评估项目</td><td>评分</td><td colspan="2">评论</td></tr>
<tr><td>提供例子或个人经验以解释概念</td><td></td><td colspan="2"></td></tr>
<tr><td>组织良好</td><td></td><td colspan="2"></td></tr>
<tr><td>教师使用了 PPT 等材料</td><td></td><td colspan="2"></td></tr>
<tr><td>教师充分回答了文官的问题</td><td></td><td colspan="2"></td></tr>
<tr><td>教师的相关知识丰富</td><td></td><td colspan="2"></td></tr>
<tr><td>教师有效利用了课堂时间</td><td></td><td colspan="2"></td></tr>
<tr><td>教师鼓励课堂参与</td><td></td><td colspan="2"></td></tr>
<tr><td>教师吸引了文官的注意力</td><td></td><td colspan="2"></td></tr>
<tr><td>教师讲话清晰</td><td></td><td colspan="2"></td></tr>
</table>

第四节 联邦高级文官的培训教育

一、候选人培训教育项目

（一）概况

高级文官候选人是指希望成为或有望成为高级文官的人员。高级文官候选人发展计划是美国联邦人事管理署批准的培训教育计划，旨在培养后备力量。

在人事管理署的统一指导下，各部门和机构可以设计自己的高级文官候选人发展计划，但必须是书面的，并在美国工作网上公布。该计划实际上是一个继任管理工具，可用于识别和培养未来的高级领导者；为候选人提供培训教育和发展机会，增加对政府计划和公共问题的理解，以提高执行力。被认可的该计划的毕业生，能够在没有竞争的情况下获得高级文官职业的预约。

（二）目标能力、主要课程及机构——以美国能源部为例

主要围绕5项核心能力（领导变革、领导人员、结果驱动、商业才能、建立联盟）展开，与75所大学合作，包含550多门课程，并且都与至少1项的核心能力相匹配。有关信息见表4－4。[①]

表4－4　美国能源部高级文官候选人培训教育的相关信息

目标能力	机构	课程内容
领导变革的能力	布鲁金斯学会	行政领导力课程
		激发组织创造力
		领导力的韧性
		战略性思维:取得长期成功
		眼界与领导变革
	达特茅斯大学	领导力与战略性影响力
		引导创新:从想法到影响
	杜克大学	前沿管理课程
		如何应对意料之外的事件

---

① The U. S. Office of Personnel Management. Senior Executive Service Candidate Development Program. https：//www. opm. gov/WIKI/training/Senior – Executive – Service – Candidate – Development – Program. ashx，2019.

续表

目标能力	机构	课程内容
领导人员的能力	哥伦比亚大学	影响力训练
		高级行政人员项目
		管理的本职
		人事管理
	乔治·华盛顿大学	领导力:创造未来
	人事管理署	中层管理人员培训
		领导组织
结果驱动的能力	麻省理工学院 斯隆商学院	理解和解决复杂的商业问题
		金融和技术行政的基础
	弗吉尼亚大学	引导组织的有效性
		开拓视野、促成行动与结果
		权力与领导力
	宾夕法尼亚大学	竞争优势管理与战略性思维
商业才能	布鲁金斯学会	最大化人力资本
		政治与政策制定
		数字化政府
	纽约大学	金融和会计
		风险管理
建立联盟的能力	创意领导力中心	谈判技巧
		说服:非权威型影响力
	哈佛大学	建立跨组织协定
		协作解决:治理的创新
	人事管理署	协作领导力研讨会
		全球领导力
	斯坦福大学	影响和谈判策略

资料来源：根据《美国能源部领导力发展项目手册》整理。

二、入职培训教育

（一）概况

服务对象是新入职的高级文官，有利于快速适应新岗位、建立更好的同事关系。内容是战略性的，不仅可以防止工作方向出现偏差，还能够提升对绩效的贡献。

人事管理署设计了统一的框架，各部门和机构按照实际情况进行调整和修改，制订自己的计划，一般包括原则、方式、课程列表等内容，可以根据需要选择课程。

（二）主要课程信息——以人事管理署为例

各部门和机构是主要的提供者，其中人事管理署就安排了许多课程（见表4－5），高级文官可以登录其网站自行学习。

表4－5　人事管理署提供的高级文官入职培训教育的主要课程

名称	内容
通过战略领导力实现卓越行政	了解如何在工作和个人生活中运用战略领导技能提升行政效果，旨在强调战略方法的价值。时长30分钟
领导变革课程	如何通过相关技能来领导组织完成重大转型。通过情景模拟，需要作出有关变更管理计划的决策
情商与领导力	可学习如何应用情商来提升领导力，包含课堂讲授和场景模拟两部分，旨在培训领导层的情商，帮助其在领导和同事之间建立更牢固的关系
如何设计可衡量的绩效考核计划	目的是帮助制订更具引导性的部门和机构的绩效考核计划。时长30分钟—45分钟

续表

名称	内容
如何开展广泛的跨组织合作	包括模拟练习,在多种特定场景中探索各种决策的后果。时长 1 天,材料包括 PPT、讲师指南、案例等
休假、职业生涯、工作场所介绍	了解如何申请和应用这些资源,时长 90 分钟
与下属的基本关系:作为管理者的责任	培养处理绩效和纪律问题的技能,包括如何采取适当行动、提升绩效、处理休假和其他纪律问题。还涵盖基本绩效管理、劳动关系以及问责制等内容

资料来源：根据美国联邦人事管理署网站材料整理。[1]

除此之外，鼓励设置适用于本部门和机构的课程。

第五节　州—地方文官的培训教育制度

美国各州—地方都制定了文官培训教育制度，与联邦的基本一致，只是更加具体，在细节处有所创新。下面，以加利福尼亚州和弗吉尼亚州为例介绍有关情况。

一、加利福尼亚州的文官培训教育制度

该州比较重视文官的培训教育，体系在全美处于领先水平。主要管理机构是州人事部门，对象是普通文官和高级文官两类。其创新之处在于：一是设立州精益学院，根

① The U. S. Office of Personnel Management. Pre-Supervisory Leadership Development. https://www.opm.gov/WIKI/training/LEADERSHIP-DEVELOPMENT.ashx, 2019.

据对象职位、所需时长的不同，形成了“精益六带项目”；二是大力发展线上培训教育，开发了丰富的线上课程。①

（一）培训方式

包括线上和线下两种。

1. 线下培训教育

案例教学法是经常采用的方法，实行导师制，由大学教授、政府高级文官、企业管理者担任导师，引导文官从领导的角度分析和解决问题，提升其实际操作能力。

非常重视参与和现场体验，例如，州行政学院会在培训教育前组织文官进行头脑风暴，先列出工作中遇到的问题和需求，然后老师会收集起来作统一点评，再交由他们互相讨论。

2. 线上培训教育

当前越来越多地借助信息技术，通过虚拟教学、远程教育、在线学习等方式开展培训教育，不但能随时随地组织，节约教学资源和成本，而且更加个性化、多样化。具体而言，文官首先上网注册登录，提交自测分析，选择需要的课程；然后参加学习，提交线上作业，并与教师互动讨论。同时，可以下载材料，在网上自主学习后，再参与线下课堂学习，将意见反馈给培训教育机构以帮助其改善教学。目前，正在探索建设移动培训教育平台。②

---

① California Government Website. Training. https：//www. calhr. ca. gov/Training/Pages/main. aspx，2019.

② 西藏自治区行政学院系统赴美国培训考察团：《赴美国培训考察报告》，《西藏发展论坛》2014 年第 2 期。

（二）主要内容

1. 对于州普通文官的培训教育

州人事管理部门开发了大量的课程，内容涵盖文书写作、人际交流、团队合作、领导力提升等，信息会提前在官网上公布，包括开课的方式、地点、时间、主题、费用和席位，文官根据需要点击报名（见表4-6）。一旦满员了，课程就会从选择列表中自动删除，无法再报名。①

表4-6　加利福尼亚州普通文官培训教育课程的基本信息

课程内容	费用(美元)
领导力培训(5天)	1500.00
理解与管理	350.00
公文写作	175.00
试用期的最佳实践	175.00
对培训教育者的培训教育(5天)	875.00
如何学习:现代职场获胜的必备技能	175.00
起草人事法规	175.00
管理者如何提高下级的绩效、改善下级的纪律	175.00
公开演讲技巧	350.00
性骚扰预防	55.00
克服职场中的信息泛滥	175.00
在职场重塑韧性	175.00
问题转换能力	175.00
语法和标点符号速成	175.00

① California Government Website. Training Calendar. https://www.calhr.ca.gov/Training/Pages/calhr-training-calendar.aspx, 2019.

续表

课程内容	费用(美元)
道德决策:减少偏见和作出更好决策的工具和技术	175.00
统计分析能力	175.00
政策、提案等公文写作技巧	350.00
如何使用 Excel	200.00
人际交往技巧	350.00
批判性思维	175.00
项目管理	350.00

资料来源：根据美国加利福尼亚州政府网站材料整理。

2. 对州高级文官的培训教育

州人事管理部门围绕 5 项核心能力设计了州高级文官的领导力和公共管理课程，内容包括如何促进领导者合作、沟通和谈判技巧、领导艺术、公共政策、公共领域面临的新挑战、自我管理与评估等。[①] 在培训教育结束、高级文官进行自我评估以后，还有进一步提升领导力的计划。

（三）州精益学院及“精益项目”

该学院致力于政府流程现代化以提高绩效，由州人事部门管理，职能是为州文官提供工作方法和技术的培训教育，其中主要是白带、黄带和绿带“精益项目”。

1. 白带项目

提供基础知识和技术的培训教育，目的是减少资源浪费，提高工作效率。为期 1 天，结业后获得白带认证。对

① California Government Website. Training Course Catalog. https://www.calhr.ca.gov/Training/Pages/calhr-training-courses-by-alphabetical-order.aspx, 2019.

培训教育者的培训教育也属于白带项目，但需 3 天的时间，接受知识学习和实践训练，毕业后将获得认证的导师资格。可直接网上注册报名。

2. 黄带项目

安排更具针对性的职业培训教育和团队合作练习，目的是使文官能成为工作领域的专家和有价值的团队成员。为期 1 周，结业后获得黄带认证。可直接网上注册报名。

3. 绿带项目

旨在解决工作中长期面临的棘手问题，采取一对一的指导模式，为期 6 个月，每人费用 5500 美元。要发送申请表到指定的电子邮箱报名。①

二、弗吉尼亚州的文官培训教育

该州关注文官在处理投诉和协调冲突方面的培训教育，并创造了团队导师的方法。

（一）处理冲突和申诉程序的培训教育

弗吉尼亚法典规定，所有部门和机构都要求文官必须参加培训教育。为此，州人力资源管理部门负责组织开展，主要有以下两种方式。②

1. 免费举办

州人力资源管理部门会在指定的地点免费提供培训教

① California Government Website. Leaning Training. https://www.calhr.ca.gov/Training/Pages/lean.aspx,2019.

② Virginia Government Website. Training. http://www.dhrm.virginia.gov/employmentdisputeresolution/edrtraining, 2019.

育，但需支付服务人员的交通费。不接受个人报名，而是由文官所属的部门和机构统一电话联系，然后发送申请表到指定的邮箱。

2. 区域公开课程

在预算允许的情况下，州人力资源管理部门会在里士满都市区及其周边地方开设区域公开课程班，为所有州属文官提供培训教育，包括那些无法参加里士满专题班的。[①]自行登录州人力资源管理部门的网站查询具体时间、地点安排后，直接前往参加即可。

（二）导师的专业服务

得到导师的指点，可以更有能力地开展政府工作。为提高效率，使文官有更好的职业发展，州人力资源管理部门提供了如下的服务。

1. 单人导师

帮助文官设定职业目标，认清当前所面临的挑战，并指导其实现，一般是电话或当面申请单人导师。

2. 团队导师

不是个人提供辅导，而是团队整体辅助和带领文官，共同朝着职业发展的方向前进。[②]

---

① Virginia Government Website. Course Descriptions. http://www.dhrm.virginia.gov/employmentdisputeresolution/edrcoursedescriptions, 2019.

② Virginia Government Website. Training. http://www.dhrm.virginia.gov/employmentdisputeresolution/edrtraining, 2019.

第五章　美国文官的监管制度

法国思想家孟德斯鸠曾说过："一切有权力的人都容易滥用权力，这是万古不易的一条经验。"① 文官对权力的滥用是各国政府都要面对的难题。为了避免日常工作中出现违背公众利益的行为，美国针对联邦和州—地方文官都制定了较为全面的监管制度。

第一节　联邦文官的监管制度

一、历史演变

（一）萌芽期

美国独立之后，很长的一段时间内都没有制定专门的文官监管制度。直到1921年，按照《预算和会计法》的要求，建立了审计署（后更名为政府问责署），负责对联邦部门和机构的经费使用进行监督、审查，这是与文官监管相

---

① ［法］孟德斯鸠著：《论法的精神》上册，张雁深译，商务印书馆1961年版，第154页。

关的初步规定。[1]

第二次世界大战后，美国经济高速发展的同时也出现了大量的腐败问题。哈里·杜鲁门总统在任期间发生了一系列的丑闻，如某部门的高级文官及其妻子非法收受他人的高级皮草和冰箱后，为其谋取利益；重建财政公司原本是一家为陷入困境的企业提供政府贷款的企业，却由于接受私营机构的回扣、违规发放有问题的贷款被调查。而最大的丑闻则是国税局的许多文官收受贿赂随意减免税收欠款被解雇的事情。[2] 这些丑闻引发了公众对政府的强烈批评，也使得参议院开始对政府的道德情况进行特殊调查。为此，杜鲁门政府敦促国会通过立法，建立部门和机构的道德标准，但由于受到共和党的阻挠而未成功。[3]

（二）酝酿期

1958 年，国会通过的《政府服务的道德规范》规定了文官的 10 条道德原则。[4] 1961 年，约翰·肯尼迪总统（1961 年—1963 年）签署了 10939 号行政令—《为政府官员制定道德标准指南》，针对联邦高级文官可能出现的违背

---

① What GAO Does, U. S. Government Accountability Office, https://www.gao.gov/about/what-gao-does/.

② Alonzo L. Hamby, Harry S. Truman: Domestic Affairs, Miller Center of Public Affairs, https://millercenter.org/president/truman/domestic-affairs.

③ 周琪：《美国的政治腐败和反腐败》，《美国研究》2004 年第 3 期。

④ The Code of Official Conduct & the Code of Ethics for Government Service, Center for the Study of Ethics in the Professions, http://ethics.iit.edu/ecodes/node/3409.

公众利益的行为，提出了必须遵守的道德标准。[①] 1965 年，林登·约翰逊总统（1963—1969 年在任）签署的 11222 号行政令—《规定政府人员及雇员的道德操守标准》取代了 10939 号行政令，将道德标准扩展到所有的文官。11222 号行政令是迄今为止最详细的政府道德规范，它规定文官除了不得索取或接受馈赠、酬金、娱乐、贷款外还要避免以下 6 种行为。

1. 利用公职谋取私利；
2. 给予任何组织或个人优惠待遇；
3. 妨碍政府效率或经济；
4. 丧失行动的独立性或公正性；
5. 在官方渠道之外做出政府决定；
6. 影响公众对政府廉洁的信心。[②]

与此同时，美国开始建立文官信息公开制度，加大社会舆论的监督力度。1966 年，在全世界率先制定了《信息自由法》，第一次在成文法中保障了公众获取政府信息的权利，公众有权向联邦部门和机构索取相关材料，各级文官不得找借口拒绝提供；政府应当主动公开机构职能、办事程序、政策法规、行政开支等信息。1974 年，国会针对该法通过了一系列修正案，要求划定必须依法公开的、允许

---

① Executive Order 10939-A Guide on Ethical Standards to Government Officials, Center for the Study of Ethics in the Professions, https://ethics. iit. edu/ecodes/node/3404.

② Executive Order 11222-Prescribing Standards of Ethical Conduct for Government Officers and Employees, Center for the Study of Ethics in the Professions, http://ethics. iit. edu/ecodes/node/3405.

公民查阅的信息。1976 年，国会通过的《阳光下的政府法》规定，联邦各部门和机构的行政会议除法定的例外，一律公开举行，且至少提前一周发出通知，公众可以旁听政府的会议和观察文官行政办理的进程，并拿到相关的文件，因此，它成为文官的行政活动对公众负责、接受公众监督的法律依据。①

（三）成熟期

20 世纪 70 年代初的“水门事件”等丑闻激起了美国公众对政府道德的辩论，为此成立了特别调查委员会，其发布的最终报告引发了一系列的立法，如国会 1978 年批准的《政府道德法》和《监察长法》等。②

联邦文官违反行政令中的道德规范并不代表触犯了法律，他可能受到惩罚或被迫辞职，但不用担负法律责任。与行政令不同，《政府道德法》则具有法律效应，司法部有权起诉任何触犯该法的文官，其重要性有两点：一是要求立法、行政和司法部门的高级文官进行财产申报；二是建立政府道德办公室，负责制定道德规章处罚违背公众利益的行为，监督和审核文官公开的和秘密的财产申报的执行情况以及各部门和机构的道德行为附则。③

《监察长法》规定，在美国联邦政府 12 个（目前已

---

① 沈蓓绯、高德华、蒋建宏：《美国联邦政府的反腐监督机制》，《理论视野》2014 年第 7 期。

② Select Committee on Presidential Campaign Activities (The Watergate Committee), United States Senate, https://www.senate.gov/artandhistory/history/common/investigations/Watergate.html.

③ 周琪：《美国的政治腐败和反腐败》，《美国研究》2004 年第 3 期。

有72个）指定的部门和机构设立监察长办公室，监察长由总统任命。监察长办公室的工作是防止低效与违法行为，审计和调查部门和机构内的欺诈、浪费、滥用、贪污和管理不善等现象，并向司法部长报告刑事犯罪行为。[①] 2008年通过的《监察长改革法》，建立了监察长理事会，[②] 由所有监察长组成，是独立的实体，负责处理联邦政府跨部门和机构的廉政、效率问题，并协助建立专业的、训练有素的和高技能的监察长工作队伍。[③]

（四）改进期

罗纳德·里根总统于1986年签署了12565号行政令，将《政府道德法》中的财产申报和道德办公室的职责等内容添加进11222号行政令中。[④]

1988年，国会通过了《联邦采购政策办公室修正法》，对负责采购的文官在离职后的再就业、报酬、信息公开等方面的行为作了限制。1989年颁布的《举报人保护法》规定，文官可以向特别法律顾问办公室提供部门和机构违反法律、规定或条例，管理极度不善，大量浪费资金，滥用权

---

① Inspector General Act of 1978, Legal Information Institute, https://www.law.cornell.edu/uscode/html/uscode05a/usc_sup_05_5_10_sq2.html.

② H. R. 928 – Inspector General Reform Act of 2008, Library of Congress, https://www.congress.gov/bill/110th-congress/house-bill/928.

③ CIGIE Governing Documents, Council of the Inspectors General on Integrity and Efficiency, https://ignet.gov/content/cigie-governing-documents.

④ Executive Order 12565—Prescribing a Comprehensive System of Financial Reporting for Officers and Employees in the Executive Branch, The American Presidency Project, https://www.presidency.ucsb.edu/documents/executive-order-12565-prescribing-comprehensive-system-financial-reporting-for-officers.

力以及对公共健康与安全造成实质性危险的证据，而无须害怕打击报复；除非本人同意，可以不暴露身份。给予违法者的处罚包括开除、降级、停职（1 天—11 天）、谴责、禁止到联邦政府工作 5 年、民事罚款（最高 1100 美金）。[①] 1989 年，老布什总统对执行《政府道德法》的行政令进行修订，就演讲的酬金、工资外的收入、离职后的游说等方面作出了更加严厉的限制。[②] 1990 年，老布什总统又签署了 12731 号行政令《政府官员和雇员的道德行为原则》，取代 11222 号和 12565 号行政令，规定了文官的 14 项基本道德行为准则；界定了道德办公室的权力，即建立统一的、全面的、明确的道德行为标准，要求各部门和机构进行补充并负责审查。[③]

政府道德办公室于 1992 年颁布了《行政部门雇员道德行为准则》，适用于所有联邦文官，对违背公众利益的行为以及联邦文官的道德行为作出了详细的规定，并列举了大量的实例。

20 世纪 90 年代，克林顿政府日益重视信息公开对文官的监督作用，于 1996 年再一次修改执行《信息自由法》的行政令，规范了电子信息的检索、公开等制度，最大限度

① 郎加、宋世明：《美国加强政府监督的做法与启示》，《国家行政学院学报》2005 年第 1 期。

② Ethic Reform Act of 1989, Office of Government Ethics, https://www.oge.gov/web/oge.nsf/Authorizing% 20Legislation% 20and% 20Oversight/6FED47DB4CB9B89585257F1C00752BC7/ $ FILE/PL101 – 194. pdf.

③ Executive Order 12731 – Principles of Ethical Conduct for Government Officers and Employees (1990), Center for the Study of Ethics in the Professions, http://ethics.iit.edu/ecodes/node/3407.

避免以政府电子信息化反应慢为借口拖延和反对公开，为监督文官的行政工作提供了重要的支撑。①

进入21世纪以来，美国政府逐步细化对文官工作绩效的监督体系，加大政府信息公开的力度，主动接受广大公众的监督。

奥巴马政府时期，国会通过的《2010政府业绩预成果法》规定，首席运营官承担对文官工作质量和效率的监督和分析工作。在任务命令发布180天内，各部门和机构需向首席运营官汇报最新进展，随后再按季度提交情况说明。2013年5月9日，贝拉克·奥巴马总统要求政府新增的数据都要向公众开放，并支持计算机可识别的查询方式，不断推动联邦文官监管制度向前发展。②

二、法律法规

（一）基本法律

与联邦文官监管相关的法律较为分散，主要有刑事法，如《贿赂、贪污和违背公众利益的行为》规定，禁止向联邦文官行贿；民事法，如《政府道德法》。

此处，还有一些法律也涉及联邦文官监管的内容，如《禁止内线交易》规定，禁止使用内部信息获利；《限制获取和披露某些信息》规定，严禁使用政府的采购与合同信息为己谋利；《适用性，安全与行为》规定，不得收取礼物；《共

---

① 信息年鉴编辑部：《信息自由法（美国）》，参见中国信息年鉴网。

② 张敬博：《美国总统奥巴马签署行政命令推动政府信息公开》，《保密科学技术》2013年第6期。

同安全项目》中的第 58 条，对接受外国政府资助进行文化交流活动作了限制；《挪用款项》中的第 53 条，对从社会组织获得差旅及其他相关费用作出限制；《培训》中的第11 条，对接受献金、奖励及其他款项作出了限制；《就业权力》中的第 10 条，对雇用自己的亲属作出了限制；《支付管理》禁止从两份政府工作中收取报酬；《贪污和盗窃》中的第 641 条，禁止盗窃、使用、出售、毁坏任何国家财产；《公共官员与雇员》中的第 1913 条，禁止使用政府拨款对联邦文官进行游说；《间谍和审查》中的第 798 条，禁止泄露保密信息；《私人基金会及其他税收豁免组织》中的第 4941 条规定，向联邦文官的自我交易行为征重税；《普通与附加税》中的第 1043 条和第 421 条规定，为防止出现违背公众利益的行为需出售某些财产与股票时，不可从中获利。①

（二）《行政部门雇员道德行为准则》

鉴于篇幅有限，仅作一摘要（见表 5 - 1）。

表 5 - 1　《行政部门雇员道德行为准则》内容摘要

章名	主要内容
第一章 总则	• 为准则的其余部分确立了框架。定义了公共服务的基本职责，授权各联邦部门和机构在必要的情况下可以补充道德行为准则，鼓励文官向指定的道德监管官员征求意见。

① Compilation of Federal Ethics Laws, Office of Government Ethics, https://www.oge.gov/web/oge.nsf/All%20Statutes/0BC1FF0EB760D84A85257E96006A9256/$FILE/Compilation%20of%20Federal%20Ethics%20Laws%20(2019).pdf?open.

续表

章名	主要内容
第一章 总则	• 重申 12731 号行政令中规定的 14 项基本道德行为准则,如果本准则未具体述及,就以这些准则为依据。 • 出现违背公众利益的行为时,要求从掌握相关事实的、有理性的人的角度来判断
第二章 外来礼物	• 禁止文官利用其职务之便从被禁止的来源索要或者接受礼物。"被禁止的来源"包括与文官所属的部门和机构寻求业务往来或官方行动的任何人,以及当文官履行职责会对其产生重大影响的任何人。例如,参与竞标政府合同的公司或寻求联邦部门和机构拨款的个人将被禁止向其文官提供礼物。 • 对"礼物"的定义包括几乎任何具有市场价值的东西,但不包括那些明显不是礼品的东西,如公开提供的折扣和商业贷款等;也不包括某些无关紧要的物品,如咖啡、甜甜圈、贺卡和证明书等。 • 禁止索取和接受外来礼物的禁令有以下几个例外:对方主动提供的市价不超过 20 美元的礼品,1 年内单一来源的礼品不超过 50 美元;因家庭关系或个人友谊获得的礼物;费用由主办方承担的、有多人出席的会议或招待会;在国外履行公务期间,享用某些会议或活动上的食物、饮料,参加相关的娱乐活动。 • 如果文官接受了来自"被禁止的来源"的礼物,必须根据其性质,选择以下方式处理:归还;给予对方相当于市场价格的钱;捐赠给慈善机构;与同事分享(容易腐烂的礼物,如鲜花、食物等)
第三章 文官之间的礼物	• 禁止向上级赠送礼物。 • 禁止接受工资比自己低的其他文官的礼物,除非两人是私人朋友且不存在上下级的关系。 • 在偶尔的情况下,可以彼此给与或接受每次总额不超过 10 美元的礼物、办公室内共享的食品或饮料、家中的请客。偶尔的情况包括生日以及那些传统上会赠予礼物的节日。 • 特殊的、非频发的情形包括:具有重大个人意义的,如结婚;终止上下级关系的,如退休时,文官之间可以给予或接受适于此类场合的礼物,也允许索要具有象征意义的集体礼物

续表

章名	主要内容
第四章 财务上违背 公众利益的行为	包括两项旨在解决财务利益与文官公职间的冲突的规定： •需回避的财务利益：禁止文官以官方身份参与那些同他个人或配偶、未成年子女、上级以及其他特定人物，有财务上违背公众利益的行为的事务。 •禁止获得的财务利益：部门和机构有权禁止文官获得或保留某些财务利益
第五章 履行职责中的公正性	文官在有可能损失公正性的情况下，不应履行其官方职务，包括两项回避条款： •个人和业务的关系：文官在参与某些可能妨害公正性的政府事务之前，应获得具体授权，包括参与当事人的业务可能会影响家庭成员的经济利益，如合同、拨款或调查等；当事人与文官有具体关系，如以前的上级、配偶或子女以及曾经寻求过或正在寻求业务和财务上的关系的任何人。 •从以前的上级处获得的特殊报酬：如果以前的上级曾给予超过1万美元的特别报酬，则文官2年内不得参加与之相关的事务
第六章 寻找其他的工作	•受联邦雇用又同时打算在外部兼职的文官，必须遵守第七章和第八章的规定。因为外部兼职活动，也必须遵守第四章和第五章的回避制度。 •在终止联邦雇用后打算再寻找工作的文官，应当咨询指定的道德监管官员，了解离职后的限制，以及其他对于离职后从承包人处获得报酬的法律禁令。 •文官离职寻找工作时应履行回避的义务，不参加特定活动就是回避，特定活动是指对未来会成为上级的财务利益有直接的和可预期影响的活动
第七章 滥用职权	包括3项避免文官滥用职权的规定： •禁止利用公职为个人、朋友、亲属和社会组织的人谋取私利，或公开支持任何产品、服务和企业。 •禁止利用非公开信息从事金融交易，或不正当地使用非公开信息来促进私人利益。 •有义务保护和维护政府财产，并且只在拥有授权的情况下使用

续表

章名	主要内容
第八章 外部活动	关于文官参与政府外活动的规定： • 禁止参与同公务有冲突的政府外活动。 • 个别部门和机构有权要求文官在从事政府外活动前获得批准。 • 除非代表美国政府，否则禁止作为专家证人参与案件诉讼。 • 禁止从与公职有关的教学、演讲或写作中收取报酬。 • 限制以个人名义募款
第九章 相关的法律	本章列举了与文官道德准则相关的其他法律

资料来源：《美国政府道德法、1989 年道德改革法、行政部门雇员道德行为准则》，蒋娜、张永久等译，中国方正出版社 2013 年版，第 180—286 页。

三、主要机构

由 4 个部分组成：政府道德办公室、监察长办公室、联邦各部门和机构及其指定的道德监管官员（以下简称指定的道德监管官员）、司法部。

（一）政府道德办公室

是美国联邦人数较少的部门之一，仅有不到 80 名的工作人员。该部门虽小，但级别较高（与联邦调查局平级）、权力很大，负责联邦所有文官的道德监管。

1. 工作职责

12731 号行政令规定文官的 14 项基本准则中的第一条就是：公共服务是一种公共信任，所有文官要忠诚于宪法、法律和道德原则，并将其置于私利之上。① 政府道德办公室的主要职责是监督各部门和机构的道德规范，防止出现违背公众利益的行为，并为整个联邦的道德监管项目制定政策。具体来说，主要负责以下 6 项工作：

（1）为包括白宫在内的 130 多个部门和机构的近 300 万名文官颁布、维护道德行为准则并提供建议；

（2）监督联邦的财产申报制度，涉及 2.6 万多名公开的和 3.8 万多名保密的报告提交人；

（3）确保联邦各部门和机构的道德监管项目符合法律法规；

（4）为联邦各部门和机构近 5000 名指定的道德监管官员提供培训教育；

（5）对公众、私营机构和社会组织提供外展服务；

（6）向国会、州—地方政府以及外国政府、协会和国际组织提供技术援助。②

2. 组织结构

由 1 名主任领导，总统指定主任，但需经过参议院的同意，任期 5 年。下辖 4 个司，分别是：

（1）项目顾问司

负责管理政府道德办公室的所有业务和职员。设有

---

① About OGE, Office of Government Ethics, https://www.oge.gov/web/oge.nsf/About + OGE/.

② Strategic Plan: Fiscal Years 2018 – 22, Office of Government Ethics, https://www.oge.gov/Web/OGE.nsf/0/5BE07CAD19ACE12B85258232006C9768/$FILE/Finished%202018 – 22%20Strategic%20Plan.pdf.

2 个处：

一是法律、对外事务和业绩处。负责管理政府道德办公室的预算、表现和立法事务项目，向联邦部门和机构提供法律支持，为指定的道德监管官员的培训教育作出安排。

二是部门援助处。协调道德办公室与利益相关方（如国会、人事管理署、社会组织、公众等）之间的外联活动，帮助指定的道德监管官员实施道德监管方案。

（2）总法律顾问和法律政策司

负责向主任提供相关法律支持。设有 2 个处：

一是道德监管法律和政策处。负责建立和维持《行政部门雇员道德行为准则》的法律框架，对特定的道德监管条例进行授权，就法律政策上的复杂问题提供书面指南。

二是总统提名处。与联邦文官无关。

（3）合规审查司

负责审查联邦部门和机构的道德监管方案，以确保其遵守相应的道德要求。设有 2 个处：

一是项目审查处。负责审查部门和机构的道德监管方案，提出建议并监督修改。

二是财产申报处。当获得指定的道德监管官员认证时，负责对联邦高级文官的财产申报报告进行审查和分析，并在收到要求的情况下将其公开。

（4）内部运营司

负责维护政府道德办公室的信息技术系统、设备，创建和运行网络应用，确保符合各部门和机构的管理要求；

采购和承包；管理财产和其他行政项目。[①]

（二）监察长办公室

又被称为美国政府的“看门人”。

1. 类别

有两类，即编制部门监察长办公室与指定联邦实体监察长办公室。《监察长法》第 12 章提供了名单，一般来讲，国防部、教育部、能源部和农业部等属于编制部门；[②] 国家铁路客运公司、美联储、邮政署和联邦选举委员会等机构则属于指定联邦实体。[③] 前者的监察长由总统任命但需参议院同意，也只能被总统开除；后者的监察长则由所在机构的负责人任命，也只能由其开除。两者拥有同样的权力和责任。[④]

2. 责任与权力

监察长仅向所在部门和机构的负责人汇报并接受监督，但这些负责人不能妨碍监察长的审计、调查或签发传票。不过，有 7 个联邦部门或机构可以干涉监察长的工作，分别是国防部、国土安全部、司法部、财政部、美联储、消

---

① Strategic Plan: Fiscal Years 2018 - 22, Office of Government Ethics, https://www.oge.gov/Web/OGE.nsf/0/5BE07CAD19ACE12B85258232006C9768/$FILE/Finished%202018-22%20Strategic%20Plan.pdf.

② Inspector General Act of 1978, Legal Information Institute, https://www.law.cornell.edu/uscode/html/uscode05a/usc_sup_05_5_10_sq2.html.

③ 2000 List of Designated Federal Entities and Federal Entities, Office of Management and Budget, https://www.whitehouse.gov/wp-content/uploads/2017/11/2000-List-of-Designated-Federal-Entities-and-Federal-Entities-June21-2000.pdf.

④ The Inspectors General, Council of Inspectors General on Integrity and Efficiency, https://ignet.gov/sites/default/files/files/IG_Authorities_Paper_-_Final_6-11-14.pdf.

费者金融保护局以及邮政署。它们只有在涉及维护国家安全利益、保护正在进行的刑事起诉、限制可能对经济或市场行为产生重大影响的信息披露的情况下，才能阻止监察长的调查，但必须在30天内将书面解释递交给相应的国会委员会。监察长需要同时让部门和机构的负责人、国会充分地了解当前项目和运营方面的缺陷以及取得的进展，为此，监察长每半年应提供一份报告，详细说明所查的重大问题以及与其管理团队之间的重大分歧。部门和机构的负责人则必须准备一份报告来回应，两份报告都要递送给相应的国会委员会。当监察长发现内部运营中的重大问题时，必须马上汇报，而部门和机构的负责人应在7天内（7天报告）将监察长的报告及所有评论上交给相应的国会委员会。监察长只要发现违反联邦刑法的情况，就必须及时报告司法部。

监察长有权查阅所在联邦部门和机构内的各项记录；需其他联邦部门和机构提供信息和协助时，只要可行并合法，必须予以支持，如果被拒绝，则应让其负责人知晓并写入半年报告中；拥有直接接触负责人的权力；有权收集所需的信息，联邦地方法院可为此签发传票；可以直接收取文官的指控和投诉，但不得披露其身份，除非在调查过程中不可避免。

3. 对监察长办公室的监管

监察长办公室作为联邦政府内的独立机构，同样需要接受监管。一方面，所有调查报告必须在互联网上公开；另一方面，必须接受三年一次的外部同行评审，结果要出现在它的半年报告中。[①]

4. 组成部分

监察长办公室的组织结构会根据所在联邦部门和机构的不同而有所区别，但《监察长法》规定，必须有以下4个组成部分：

（1）助理监察长

编制部门的监察长办公室都要有2名助理监察长，1名负责审计工作，1名负责调查工作。指定联邦实体的监察长本人并不需要助理监察长，但在大多数情况下也会像编制部门一样，有2名助理监察长来分管审计与调查工作。

（2）法律顾问

监察长办公室要有独立于所在部门和机构的法律顾问，具体来讲，监察长必须从直接向本人或其他监察长办公室汇报的法律顾问那里获得法律上的建议。

（3）评审和检查

监察长办公室要有专属机构对所在的联邦部门和机构进行评审或检查。

（4）举报人督察专员

监察长办公室要指定1名举报人督察专员，负责开展有关举报人制度的教育，包括禁止报复，向那些做过或打算举报的文官介绍其所拥有的权利，以及受到报复后可采

---

① The Inspectors General, Council of Inspectors General on Integrity and Efficiency, https://ignet.gov/sites/default/files/files/IG_Authorities_Paper_-_Final_6-11-14.pdf.

取的合法行动。[①]

（三）联邦各部门和机构及其指定的道德监管官员

1. 联邦各部门和机构

联邦部门和机构也是联邦文官监管制度中不可或缺的一部分。政府道德办公室制定的《行政部门雇员道德行为准则》适用于所有联邦文官，但它无法确定不同的监管需求。联邦部门和机构一般在此之外，还会出台附加的道德监管条例。比如，农业部对所属乡村开发办公室的文官就规定，本人、配偶及子女皆不可在任何与乡村开发救助项目有关的营利性实体中私人拥有股票（可通过公开买卖的基金如养老基金投资，只要此基金对单一营利性实体投资不超过基金总价值的5%，或对相关营利性实体投资不超过基金总价值的25%）。[②]

2. 指定的道德监管官员

其日常工作主要是：

（1）与政府道德办公室维持有效的联络；

（2）记录部门和机构道德监管项目的活动；

（3）及时为政府道德办公室提供所需要的文件与信息；

（4）向新录用的和离职的文官提供道德监管方面的建议与辅导服务；

（5）在部门和机构内推行有效的道德监管教育项目；

---

① The Inspectors General, Council of Inspectors General on Integrity and Efficiency, https://ignet.gov/sites/default/files/files/IG_Authorities_Paper_-_Final_6-11-14.pdf.

② USDA Supplemental Standards of Ethical Conduct, United State Department of Agriculture, https://www.govinfo.gov/content/pkg/CFR-2016-title5-vol3/pdf/CFR-2016-title5-vol3-part8301.pdf.

（6）通过取消资格、有指示地剥离、放弃权益、重新分配等手段，解决已发生的或将出现的违背公众利益的行为的问题；

（7）审查财产申报报告，必要时与报告人的上级沟通，当发现有故意伪造的情况时，通知监察长或司法部，确保有效性；

（8）向监察长办公室提供关于政府道德监管的相关法律和条例以及程序方面的协助；

（9）确保部门和机构将某项可能违背公众利益的案件提交给司法部时，一并告知政府道德办公室；

（10）定期评估部门和机构的道德监管方案并提出建议。①

（四）司法部

当监察长办公室发现联邦文官有违法行为时，监察长需要向司法部汇报，该部主要负责调查与起诉。

1. 相关部门

有 3 个部门与联邦文官道德监管有关：

（1）当地的联邦监察长办公室。绝大多数联邦腐败案件的调查与起诉由它们处理。

（2）公共廉洁处。调查文官涉嫌腐败的案件，并起诉调查清楚的；直接办理案件，如影响过大的、跨地区的，由联邦部门和机构转交的，当地监察长办公室要求协助的以及需要避嫌的等；每年应向国会提交一份报告，说明年

---

① Government ethics responsibilities of agency ethics officials, Legal Information Institute, https://www.law.cornell.edu/cfr/text/5/2638.104.

度工作情况。①

（3）联邦调查局。调查监狱系统、国境线以及涉及境外的腐败案件。②

2. 特别监察长

当某些特殊案件可能引起内部的利益冲突时，司法部长会指定1名特别监察长展开调查。③

综上所述，美国联邦文官监管机构的4个部分中，政府道德办公室主要负责发现和预防文官的不正当行为；监察长办公室主要负责发现和调查；联邦各部门和机构及其指定的道德监管官员主要负责预防与执法；司法部则主要负责调查和执法（见表5－2）。

表5－2 美国联邦文官监管各部门和机构的目的与功能④

目的＼功能	发现	执法
预防	政府道德办公室	联邦各部门和机构
调查	监察长办公室	司法部

四、小结

受20世纪70年代初“水门事件”丑闻的影响，美国

① Report to Congress on the Activities and Operations of the Public Integrity Section, Department of Justice, https://www.justice.gov/criminal/file/1096306/download.

② Public Corruption, Federal Bureau of Investigation, https://www.fbi.gov/investigate/public-corruption.

③ General Powers of Special Counsel, Legal Information Institute, https://www.law.cornell.edu/cfr/text/28/part－600.

④ 各部门和机构及个人的责任参见《联邦法规汇编》第5编第2638条。

逐步建立起了多层次、各部门和机构相对独立的联邦文官监管制度，其中，政府道德办公室、监察长办公室、联邦各部门和机构及其指定的道德监管官员、司法部是其重要的组成部分。然而，这套监管制度并不完美，具体表现在以下几个方面：

第一，联邦有 7 个实权部门和机构能够以正当的理由阻止监察长的调查，这是监管中的一个漏洞。

第二，虽然法律中对联邦文官任职期间的方方面面作出了限制，但对其离职后可能出现的违背公众利益的行为则监管不足。尽管大部分联邦部门和机构规定文官离职后的 1 年内不得在与其公职有关联的私人企业任职，但这个强制等待期显然太短。因为他们完全可以与某私人企业达成非正式的协定，在任时进行利益输送，离职 1 年后再加入，赚取几十万甚至数百万美元的年薪。

第三，仅司法部有权对违法文官提起诉讼，然而该部门并非独立的机构，其部长由总统提名并经参议院通过，一般与总统隶属同一政党且是他的支持者。地区监察长由总统提名并经参议院通过，司法部长也有权任命地区临时监察长且任期不限。由此可见，监察长们实际上是受总统或个别实权部门制约的。

第二节　州文官的监管制度

由于美国各州之间的法律不同，因此文官的监管制度自然也有所不同。

一、总体概述

各州都有道德监管法律，覆盖政务官、文官、法官与游说集团，与《行政部门雇员道德行为准则》相似，都会对收取礼物、财务上违背公众利益、政府外的活动以及滥用职权等不法行为作出限制。大多数州要求高级文官提交财产申报报告，并对政府与企业之间的“旋转门”① 作出限制，如离职后有 1 年的禁令等。

各州的文官监管机构大体上由两部分组成。

（一）内部道德监管机构

如道德委员会、公平诚信委员会、政府透明与竞选资金委员会等（见表 5－3）。

表 5－3　美国各州的道德监管机构

州名	道德监管机构
亚拉巴马州	亚拉巴马道德委员会
阿拉斯加州	阿拉斯加公共职务委员会，仅针对政务官，与州文官无关
亚利桑那州	无
阿肯色州	阿肯色道德委员会
加利福尼亚州	加利福尼亚公平政治实践委员会
科罗拉多州	科罗拉多独立道德监管委员会
康涅狄格州	康涅狄格州道德办公室
特拉华州	特拉华州公共诚信委员会

① 这里所说的“旋转门”，指个人在公共和私人部门之间双向转换角色、穿梭交叉为利益集团牟利的机制。分为两类：一类是由产业或私人组织进入公共部门担任要职后，在政策制定和实施过程中为所属利益集团谋取不正当的好处。另一类是由公共部门进入产业或私人组织后，凭借既有关系，为自己服务的集团谋取不正当的利益。

续表

州名	道德监管机构
佛罗里达州	佛罗里达道德委员会
佐治亚州	佐治亚政府透明与竞选资金委员会
夏威夷州	夏威夷州道德委员会
爱达荷州	无
伊利诺伊州	伊利诺伊州行政部门道德委员会
印第安纳州	印第安纳州道德委员会
艾奥瓦州	艾奥瓦道德与竞选公开理事会
堪萨斯州	堪萨斯政府道德委员会
肯塔基州	肯塔基行政部门道德委员会
路易斯安那州	路易斯安那道德理事会
缅因州	缅因政府道德与竞选实践委员会,仅针对政务官,与州文官无关
马里兰州	马里兰州道德委员会
马萨诸塞州	马萨诸塞州道德委员会
密歇根州	密歇根州道德理事会
明尼苏达州	明尼苏达竞选资金与公众公开理事会
密西西比州	密西西比道德委员会
密苏里州	密苏里道德委员会
蒙大拿州	蒙大拿政治实践委员会专员
内布拉斯加州	内布拉斯加问责与公开委员会
内华达州	内华达道德委员会
新罕布什尔州	无
新泽西州	新泽西州道德委员会
新墨西哥州	无,2018 年 11 月,一项要求设立道德委员会的宪法修正案得到通过,立法授权于 2020 年 1 月 1 日生效
纽约州	纽约公共道德联合委员会
北卡罗来纳州	北卡罗来纳州政府道德委员会
北达科他州	无,2018 年 11 月,一项要求于 3 年内设立道德委员会的宪法修正案得到通过,立法授权于 2020 年 1 月 1 日生效
俄亥俄州	俄亥俄道德委员会
俄克拉何马州	俄克拉何马道德委员会
俄勒冈州	俄勒冈政府道德委员会

续表

州名	道德监管机构
宾夕法尼亚州	宾夕法尼亚州道德委员会
罗得岛州	罗得岛道德监管委员会
南卡罗来纳州	南卡罗来纳道德委员会
南达科他州	无
田纳西州	田纳西道德与竞选资金局,仅针对政务官,与州文官无关
得克萨斯州	得克萨斯道德委员会
犹他州	犹他州行政部门道德委员会,监管对象为州长、副州长、州检察长、州审计长及州财务长
佛蒙特州	佛蒙特州政府道德委员会
弗吉尼亚州	弗吉尼亚违背公众利益的行为与道德咨询理事会,不接受举报,无执法功能
华盛顿州	华盛顿州政府行政部门道德理事会
西弗吉尼亚州	西弗吉尼亚道德委员会
威斯康星州	威斯康星道德委员会
怀俄明州	无

资料来源：参见美国全国州立法大会网站，http://www.ncsl.org/research/ethics/state-ethics-oversight-agencies.aspx. 作者对网站中的内容进行了一些调整以列出机构的正确名称。

由表25可知，美国50个州中的43个有负责内部道德监管的机构。与联邦政府类似，受“水门事件”的影响，加利福尼亚州在20世纪70年代便建立了道德监管机构，随后逐渐拓展到其他的州。但时至今日，仍有7个州没有，分别是亚利桑那州、爱达荷州、新罕布什尔州、新墨西哥州、北达科他州、南达科他州以及怀俄明州。其中，新墨西哥州与北达科他州要求建立道德监管机构的州宪法修正案已经通过，未来几年会逐步产生。犹他州虽然表面上设置了行政部门道德委员会，但其监管对象仅为州长、副州长、州检察长、州审计长及州财务长等政务官，因此，实质上是没有的；公众如果想要举报州文官的不法行为，只能同其上级联系。[①] 弗吉尼亚州的违背公众利益的行为与道德咨询委员会，既没有执法功能，也不接受文官及公众的举报，只提供咨询。[②] 阿拉斯加州、缅因州、田纳西州的道德监管机构仅针对州政务官，无监管州文官的权限。

美国大部分州的内部道德监管机构以道德委员会的形式存在，一般由几名委员及其工作人员组成，州长、副州长、州立法院及参议院都有权指定一名或几名委员（在一些州，州检察长也有权指定委员），会在民主党与共和党之间保持大致的平衡。主要职责是：对道德监管法律进行解读并给出咨询意见，提供有关的培训教育；管理高级文官的财产申报；接受公众对文官不法行为的举报，并进行调查和执法。

（二）州监察长办公室

与联邦的相同，也会提供外部监督以及相关的调查和执法。一些州还有作为独立实体的监察长办公室，对违背公众利益的不法行为进行调查。

没有设立道德监管机构的州，只能依靠州检察长来负责。

---

① Executive Branch Ethics Commission, Utah Ethics Commission, https://ethics.utah.gov/executive-branch-ethics-commission/.

② About the Council, Virginia Conflict of Interest and Ethics Advisory Council, http://ethics.dls.virginia.gov/about.asp.

二、主要特点——以加利福尼亚州、爱达荷州和弗吉尼亚州为例

（一）加利福尼亚州的文官监管制度

加利福尼亚州作为美国人口最多的州，拥有超过 150 万名全职文官，由民主党长期执政。

受“水门事件”的影响，该州于 1974 年通过了《政治改革法》并建立了公平政治实践委员会。《政治改革法》对竞选资金、违背公众利益的行为、游说和政府道德进行监管；公平政治实践委员会则确保文官在政府决策过程中以公正的方式行事，提高政府的透明度，并增进公众对政治制度的信任。①

公平政治实践委员会由 5 名委员组成，州长有权任命委员长和 1 名委员，州审计长、州务卿以及州检察长有权各任命 1 名委员，但隶属于同一政党的委员不能超过 3 个。② 主要功能有 4 项。

1. 告知功能包括公开财产申报报告、执法报告以及对案件的官方建议信和意见，帮助了解和遵守《政治改革法》，通报会议信息及年度报告。

2. 协助功能包括提供技术和法律上的援助以及道德监管方面的培训教育。

---

① About the FPPC, California Fair Political Practices Commission, http://www. fppc. ca. gov/about – fppc. html.

② Organization & Responsibilities, California Fair Political Practices Commission, http://www. fppc. ca. gov/about-fppc/organization-and-responsibilities. html.

3. 解释功能包括为《政治改革法》的修正提供具体的监管条例。

4. 执法功能包括接受社会各界对潜在不法行为的举报，并与相关机构合作执法。收到举报后，委员会下属的、分管执法的机构将对案件进行调查，当认定有违法行为时，被举报人会接受行政处罚、面临民事诉讼或州检察长的刑事起诉。分管执法的机构同时对高级文官的财产申报报告进行审核。①

除了公平政治实践委员会外，州司法部也是监管制度中的重要一环，同样接受公众有关违背公众利益的行为和腐败的举报，并进行调查和执法；提供有关的培训教育。州司法部长（即州总检察长）由四年一次的选举产生。下辖州调查局，职责是对刑事犯罪进行调查，其所属的白领调查组和特殊调查组都负责调查公共部门的腐败，② 只不过后者针对的是复杂案件。

加利福尼亚州的监狱与改造部拥有独立的监察长办公室，监督全州的监狱系统。

（二）爱达荷州的文官监管制度

爱达荷州位于美国西北部，人口较少，仅有 170 多万人，全职文官 5.4 万名，由共和党长期执政。

该州既是美国 7 个没有道德监管机构的州之一，只能依

---

① What Does The FPPC Do? California Fair Political Practices Commission, http://www.fppc.ca.gov/about-fppc/what-the-fppc-does.html.

② White Collar Investigation Teams, State of California Department of Justice, https://oag.ca.gov/bi/wcit.

靠州检察长办公室对文官的不法行为进行调查和执法；又是美国2个没有高级文官财产申报制度的州之一（另一个是密歇根州）；还是为数不多的几个对文官离职后无强制等待期的州之一。

爱达荷州有3部与文官道德监管相关的法律，即《受贿与腐败影响法》《禁止官员个人介入政府合约法》《政府道德法》。《政府道德法》提到，文官在不确定是否会发生违背公众利益的行为时，需要从地区检察官、州检察长或独立的法律顾问处寻求建议。如果提出的是有可能发生的建议，文官就要呈送一份书面报告，由其上级移交检察官或州检察长并获取意见，文官必须照此行事。[①] 一旦发现文官违反上述法律，公众就可以向州检察长办公室提交诉状。州检察长由四年一次的选举产生。

尽管爱达荷州没有文官腐败的传统，也未发生过什么大的案件，但由于缺失独立的监管部门或机构，因此公众与媒体对其内部发生的违背公众利益的情况并不知晓。

（三）弗吉尼亚州的文官监管制度

弗吉尼亚州位于美国东部，人口850余万，拥有全职文官近30万名，是所谓的“摇摆州”[②] 之一。

该州没有相应的法律限制文官收取礼物，只需要公开。

---

① Idaho Ethics In Government Manual, Idaho Office of the Attorney General, https://www.ag.idaho.gov/content/uploads/2018/04/EthicsInGovernment.pdf.

② “摇摆州”是美国总统大选中的一个特有说法，指竞选双方势均力敌、都无明显优势的州，在历届大选中经常会倒向不同的政党，频繁摇摆。由于这些州的动向直接影响大选的结果，因而成为竞选双方争夺的重点。

2014 年，前州长鲍勃·麦克唐纳收取一名富商超过 17 万美元的礼物和服务，因未公开而被判有罪。① 依法虽然要关入监狱，但他却在上诉期间被保释出来，并最终驳回了对他的指控。

为此，弗吉尼亚州于当年建立了违背公众利益的行为与道德咨询委员会，鼓励文官遵守《州和地方政府违背公众利益的行为法》《州立法会违背公众利益的行为法》以及一些游说法。主要职责是：提供文官道德监管方面的培训教育和指导，发布正式的咨询意见，督促提交财产申报报告；向州立法会和州长上交年度调查报告，并就修改相关法律提出建议。

委员会由 9 名委员组成，其来源是：州众议院议长、参议院规则委员会各指定 2 名隶属不同政党的立法部门成员以及 1 名前法官，州检察长指定 1 名州部门和机构的前文官，从弗吉尼亚县协会和市政联盟推荐的人员中各指定 1 名。立法部门成员保持原有任期不变，非立法部门成员的任期为 4 年。②

州检察长办公室接受公众对腐败行为的举报，并进行调查和执法；其下属的刑事司法与公共安全司负责案件办理。③ 州检察长由四年一次的选举产生。

---

① Nancy Madsen, Virginia gets D grade in 2015 State Integrity Investigation, Center for Public Integrity, https://publicintegrity. org/state-politics/state-integrity-investigation/virginia-gets-d-grade-in-2015-state-integrity-investigation/.

② About the Council, Virginia Conflict of Interest and Ethics Advisory Council, http://ethics. dls. virginia. gov/about. asp.

③ Criminal Justice & Public Safety Division, Virginia Office of Attorney General, https://www. oag. state. va. us/divisions/criminal-justice-public-safety.

弗吉尼亚州于2012年建立了州监察长办公室，州监察长由州长委任但需经过州立法会的同意，其工作主要包括：接收对州文官有关违法行为的投诉，并进行调查；调查州部门和机构的管理和运作，包括对影响运作的犯罪行为的指控，并准备详细的报告；有证据确认存在违反国家刑法的情况，要及时通知地区检察长；帮助公众了解自身的权利和申诉的程序；回答公众的询问，提供有关州部门和机构的信息等。①

三、小结

总的来说，州文官的监管制度不如联邦的那样严谨，美国公共诚信中心2015年的调查显示，绝大多数的州在信息公开、道德监管和处理违背公众利益的行为上表现不佳，比较常见的问题主要有法律中的漏洞和特例、道德监管机构的资金和员工不足等。②

---

① House Bill No. 2076, Virginia's Legislative Information System, http://lis. virginia. gov/cgi – bin/legp604. exe? 111 + ful + HB2076.

② Nicholas Kusnetz, Only three states score higher than D + in State Integrity Investigation, 11 Flunks, Center for Public Integrity, https://publicintegrity. org/accountability/only-three-states-score-higher-than-d-in-state-integrity-investigation-11-flunk/.

第六章　美国文官的激励保障

激励机制和保障体系是文官制度的重要组成部分，也是政府治理的主要内容之一。美国尽管独立时间较短，却能产生一定的政治影响，得益于其以英国的文官制度为样本，进而在实践中形成发展的具有自身特色的人事管理制度，① 特别是实体性的文官激励机制和保障体系。前者依据《彭德尔顿法》建立，虽然有100多年的历史，但仍在持续地进行探索；后者集中体现在退休和养老保险制度上，因为它们是“美国资本主义市场经济制度必不可少的稳定器”。②

第一节　激励机制

美国是世界上比较早实行文官绩效考核制的国家之一，且一直在调整充实。2016年12月12日，《联邦公报》发布了新规则，将战略人力资源管理与政府绩效管

① 胡果文、周敏凯、李晓路著：《中外人事制度比较》，上海社会科学院出版社1989年版，第232页。

② 李超民著：《美国社会保障制度》，上海人民出版社2009年版，第1—2页。

理相结合，以进一步激励文官为促进政府效能努力工作。2017 年 4 月 11 日，该规则生效。[①] 由此可见，美国文官的激励机制与政府的工作效能是密不可分的。[②]

一、历史演变

独立至今的 240 多年时间里，美国文官的激励机制经历了从一般管理到绩效管理的过程。

（一）第一阶段（1789—1829 年）：基于“道德标准”来激励文官

该阶段实行的是个人瞻徇制。1789 年，乔治·华盛顿总统组建了一个“绅士政府”或“上等阶级的政府”[③]，依靠本人的道德操守和自律行为来激励文官，并要求所有的文官必须经得起最严峻的检验，因此几乎没有人对政府的道德命令表示过怀疑。该阶段没有严格意义上的激励机制，主要通过制定“品德的适当标准”即对执政者的忠诚度和政治信仰，来决定去留升降。这是一种自律性的管理，文官靠修养和道德来自我约束，如果做出违背道德的行为，内心会产生道德谴责，因此他们总体上是廉洁的。

这一阶段，文官可以不具备专业知识水平，只要有“道德忠诚”就能把工作做好，也就无须用绩效管理来激

① Federal Register(89357),Vol. 81, No. 238, December 12, 2016.

② 徐芳芳、刘旭涛：《美国公务员绩效激励机制之经验借鉴》，《行政与法》2018 年第 7 期。

③ 胡晓东：《美国（联邦）政府公务员绩效管理体系研究》，光明日报出版社 2012 年版，第 24—25 页。

励。[1] 这与美国当时的社会实际相适应，“虽然工业制度已开始生根，但仍是农场与小城镇构成的国家，1830 年，只有 1/15的居民居住在人口超过 8000 的城市中。在南部以外，绝大多数人都是独立的财产拥有者。……生产活动大部分都还在小单位中进行，其雇主就像作坊主，手下有一批学徒。……小制造商和熟练的工匠仍满怀希望，认为会更兴旺发达起来。”[2]

随着时间的推移，这种激励标准的弊端逐渐显露出来，乔治·华盛顿总统在用人方面虽然强调地域平衡，但并不等于代表了所有的社会阶级。缺乏民主性成为当时美国文官制度最大的缺陷，导致大多数联邦政府的职位被富有的白人专家或上流社会的成员占有，实质上减少或剥夺了中下阶层参与政府管理的机会，出现了官民疏远、职位世袭等问题，这为政党分肥制的产生奠定了政治基础。[3]

（二）第二阶段（1829—1883 年）：基于“党派亲信关系”来激励文官

该阶段依然没有真正地实行激励机制。随着两党制的形成，新总统会把联邦职位奖赏给本党的成员、亲信等，以此激励他们为自己领导的政府努力工作。托马斯·杰斐逊总统开启先例，他在轮流任公职的旗号下，短短几个月

---

① 周琪：《美国的政治腐败和反腐败》，《美国研究》2004 年第 3 期。

② ［美］理查德·霍夫施塔特著：《美国政治传统及其缔造者》，商务印书馆 2010 年版，第 67—68 页。

③ 曹景文：《美国政治与文官分赃制的演变》，《遵义师范学院学报》2014 年第 2 期。

就免去了近千名文官，选拔了一批忠于自己的人担任要职；在他8年的任期内，约有1/5的联邦文官被更换。之后的辉格党[①]人总统扎卡里·泰勒（1849—1850年在任）和米勒德·菲尔莫尔（1850—1853年在任）、民主党人总统詹姆斯·布坎南（1857—1861年在任）、首位共和党人总统亚伯拉罕·林肯（1861—1865年在任），莫不是如此。1849年，威廉·西沃德就扎卡里·泰勒总统上任写道："世界上的人分成两部分：一部分是去加利福尼亚淘金的，一部分是去华盛顿求职的。"[②] 亚伯拉罕·林肯总统最为典型，他替换了可分赃的1639个联邦职位中的1457个，而且有些职位换了两三次。[③] 这一阶段对文官的激励主要依靠本党成员的管理来实现，形成了党派保护主义。[④]

这种不以工作绩效作为文官去留升降的标准，而以党派亲信为官、以肥缺酬犬马之劳的做法，造成了行政上的低效率和文官的严重腐败，因而从19世纪50年代开始，遭到了各方面的反对和批评。1881年，詹姆斯·加菲尔德

---

① 辉格党，由美国民主共和党与国家共和党部分党员以及南方的州权拥护者于1834年组建，是反对总统专断的、松散的党派联盟。借用了17世纪英国辉格党的名称，"辉格"原意指"强盗"，为苏格兰人的责骂语言。1840年，成为全国性的主要政党。19世纪40年代末开始瓦解。到1854年，大多数北方辉格党人加入了新成立的共和党。1856年后，再也看不到其任何组织。

② U. S. Office of Personnel Management. Biography of an Ideal：A History of the Federal Civil Service，http://www. opm. gov/Biographyof An Ideal/.

③ Carl Russell Fish：The Civil Service and the Patronage，Harvard University Press，1920：pp. 170 - 171.

④ Danald F. Kettl，Patricia W. Ingraham，Ronald P. Sanders and Constance Horner：Civil Service Reform：Building a Government That Works，Washington，D. C. ：Bookins Institution Press，1996.

总统（1881 年 3—9 月在任）被谋求领事官职不成者刺杀，吹响了终结政党分肥制的号角，催生了功绩制的改革。

《彭德尔顿法》出台前，就有一些改革派人士尝试施行功绩制，通过他们的积极争取，最终推动尤里西斯·格兰特总统于 1871 年成立了格兰特文官委员会，统一负责激励机制改革的事宜。与此同时，国会还授权总统制定规则和条例，根据年龄、健康状况、品德、知识和能力来选拔录用合格人才，以激励文官提高工作效率。1873 年，随着该委员会的解体，早期的改革探索也宣告失败。

（三）第三阶段（1883—1976 年）：基于“功绩制”来激励文官

1882 年，共和党在中期选举中失败，切斯特·阿瑟总统（1881—1885 年在任）为争取连任，便立即进行文官制度的改革，推动国会通过了《彭德尔顿法》，文官的选拔录用开始重视个人的才干和业绩，激励机制的雏形开始出现。该法规定，晋升要依据功绩制原则，这表明激励不再仅凭上级的意志决定，而是有了法律的保障。随后，各部门和机构设立专门机构，制定标准，对所属文官的晋升进行统筹管理。1896 年，格罗弗·克利夫兰总统（1885—1889 年和 1893—1897 年在任）为了使标准趋于一致，命令文官委员会与部门和机构的负责人协商后，制定详细的晋升规则；授权该委员会否决任何未经同意的变更。他还要求各部门和机构公布文官委员会的规则，具体内容是：

1. 不举行强制性的竞争考试（70% 的部门和机构取消了竞争考试）；

2. 低于办事员（打字员）级别的文官，晋升前必须在所属部门服务 2 年；

3. 平时的工作效率记录应作为考试成绩的一部分。[①]

此次改革使美国文官的数量激增了 10 倍以上，到 1900 年，达到 30 万人，给管理工作带来了极大的挑战。更为严重的是，同工不同酬的现象日益突出，引起各级政府的重视并进行了不断的探索、改革。1920 年，伍德罗·威尔逊总统（1913—1921 年）第一次下令对文官实行全面的绩效考核。早在 1919 年，由于物价猛涨，工资急需调整，因而建立了工资重新分类国会联合会，并于 1920 年向国会提交了关于职位分类的理论和实践的调研报告；经过 1928 年的《韦尔奇法》和 1930 年的《布鲁克哈特法》的修改和补充，调整了基本工资比例，重新确立了分等标准（见表 6 –1）。

表 6 –1　1931 年美国文官 7 职类 81 职等 1623 职级的工资范围

职类	职等	职级	年薪范围(美元)
专门及科学职类	9	456	2050—10000 或以上
次专门职类	8	144	1080—3300
事务行政及财务职类	16	421	1260—10000 或以上
手艺及保管职类	15	426	660—6000
调查及视察职类	13	124	1620—9500
教育职类	10	37	1410—7200
灯塔及仓库职类	10	15	1260—2930

资料来源：转引自杨柏华、仝志敏著：《外国人事制度》，劳动人事出版社 1987 年版，第 144 页。

---

① 杨柏华著：《美国公务人员的考绩制度》，世界知识出版社 1989 年版，第 6 页。

1932 年，美国政府撤销人事分类委员会，将其职权移交给文官委员会；1940 年的《拉姆斯帕克法》规定，总统可以用行政令来增加分类表中没有的职位，把文官委员会的分类权力扩大到附加职位。1941—1948 年，国会通过一系列的法律对文官的工资制度进行修改和补充，如 1945 年颁布的《联邦政府雇员工资法条例》。① 1949 年第二个职位分类法出台，建立起一般行政职类序列的等级表，成为后续修改职位分类法律依据。

1954 年通过的《激励奖法》，确立了文官的奖励制度，主要是绩效奖励，占 50%—70%，此后呈逐年下降的趋势。还有特别服务奖、建议奖等。另外，根据工资可比性的有关法律，推出激励性质的津贴，包括为难以招聘或挽留的高级文官建立的特别津贴、优先录用的津贴、鼓励交流的轮岗津贴、职位调整后的保留津贴等。②

1958 年颁布的《政府雇员培训法》，首次将培训教育纳入激励机制。1970 年，理查德·尼克松总统签署了《政府间人事法》，为激励文官跨地区跨部门交流确定了一些基本原则。

该阶段由于过度强调保护文官权益、维护政治的连续性和稳定性，导致机构重叠臃肿。同时，按照年龄和资历而非工作能力和表现增加工资的做法，使得官僚作风盛行，行

---

① 杨柏华、仝志敏著：《外国人事制度》，劳动人事出版社 1987 年版，第 143—144 页。

② 刘毅：《美国联邦政府公务员工资制度研究及启示》，《中国人力资源开发》2005 年第 11 期。

政效率持续下降。[1]

（四）第四阶段（1976 年至今）：基于“绩效”来激励文官

从卡特政府颁布的《1978 年文官改革法》到 1993 年前副总统戈尔的 3 个国家绩效评估报告的出台，再到 2005 年人事管理署的《雇员绩效手册》，[2] 美国联邦政府逐步确立了文官绩效管理制度。文官的管理由服从性转变为激励性，不再强调无条件坚守规则、程序和上级的人事决定，而是将政府的使命和目标的结果作为评判工作价值的标准。通过授权、绩效工资、奖赏等激励措施，推动文官努力去实现政府和上级期望的工作目标，即从功绩制的原则性规定到绩效管理制度的出台，再到绩效管理的具体可操作。

吉米·卡特总统为了改变官僚积习，提高行政效率，缓和公众对政府工作的不满情绪，成立了文官制度改革的立法工作小组，负责审查和讨论改革的各项具体事宜。1978 年 10 月，国会通过了由该小组提交的《1978 年文官改革法》，重申了功绩制原则，要求按照工作表现来支付工资。

1981 年罗纳德·里根总统上台后，虽然放弃了卡特政府的绝大部分的改革主张，但是依然强调功绩制原则，

---

① 胡果文、周敏凯、李晓路著：《中外人事制度比较》，上海社会科学院出版社 1989 年版，第 235—236 页。

② Joel D. Aberbach, Robert D. Putnam, Bert A. Rockman, Bureaucrats and Politicians in Western Democracies, Harvard University Press, 1981.

并坚持提升行政效率的改革方向。从 1981 年 10 月 1 日开始，不再根据工作年限自动升级加薪，而是依据本人和主管单位的成绩来加薪，即功绩制工资。由于这种激励措施有助于转变懒散的作风，因此逐步推广应用到全国。

1984 年通过的《文官退休配偶股权法》提出了绩效奖励计划，给予评级为杰出的文官以 5 年总工资 0.75%—1.15% 的奖励。

美国联邦政府采取 360 度绩效考核方法，对文官的绩效监督和评价形成了一个闭合环形，其结果应用于工资、培训、晋升等方面的激励管理。对绩效不良者，要么改进工作作风，暂留职位以观后效；要么拒绝改正，予以解雇，由此，确立起现代文官激励机制的地位。

二、主要内容

经过不断地探索和演进，美国的文官激励逐渐朝着制度化、法制化的方向发展（见表 6－2），并形成了工资、考核、奖惩、晋升和培训等方面的激励机制。

表 6－2　美国联邦政府关于文官激励的主要法律及核心内容

颁布年份	法律名称	核心内容
1950	《绩效评估法》	评出最优的和最差的文官；建立 3 个等级：杰出、称职、不称职
1954	《激励奖法》	对成就卓越的和有发明的文官给予荣誉或现金奖励

续表

颁布年份	法律名称	核心内容
1978	《1978年文官改革法》	部门和机构必须鼓励文官参与制定评价标准;评价结果要作为培训、晋升等的依据;设置绩效工资部门,提供绩效奖励
1984	《文官退休配偶股权法》	为高级文官设立5%的最低绩效奖,为一般文官制定绩效奖励方案
1985	《绩效管理和奖赏制度的评估和支持条例》	执行有关加薪、奖励的法律规定,确定业绩提高和绩效奖励的既定程序
1993	《政府绩效与结果法》	授予项目管理者适当的权力来奖惩文官
2002	《首席人力资本法》	实行功绩制度,对文官开展业绩鉴定,发布总统等级奖临时章程
2004	《关于绩效考核体系认证暂行条例》	确定根据贡献调整工资的原则
2005	《修订绩效奖励计算条例》	以业绩为基础的现金奖励,被纳入基本工资的范畴
2016	《绩效管理雇员参与条例》	强调文官参与,鼓励授予各部门和机构更大的自主权

资料来源:《联邦政府雇员绩效管理大事年表》,转引自徐芳芳、刘旭涛:《美国公务员绩效激励机制之经验借鉴》,《行政与法》2018年第7期。

(一)工资激励

1. 工资序列和法律依据

文官的工资制度是建立在“以职定薪”的基础上的。根据不同的职类分为6个工资序列,即普通文官、国务院驻外人员、退伍军人管理委员会医务人员、高级文官、邮政署人员、蓝领工人等。具体的结构见图6-1。

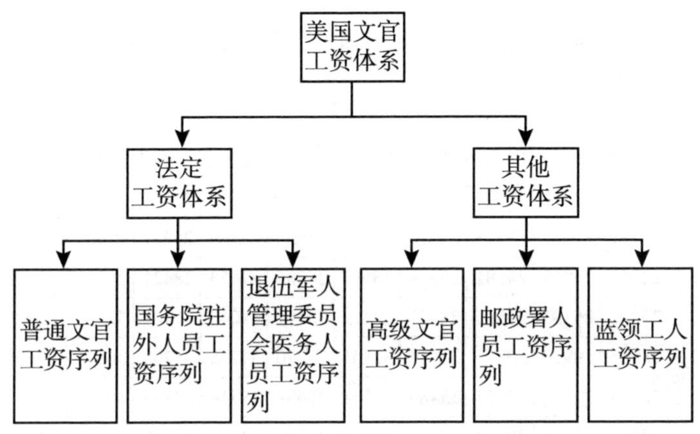

图 6 – 1　美国文官的工资体系[①]

当前，美国联邦政府共有 30 多个工资系统。文官的工资制度包括法定的和其他的，[②] 注重以公平性来激励：采取不同职类序列适用相应的工资表的做法，确保内部公平；强化可比性原则，实现外部平衡。

2. 基本工资

它是文官收入的主要部分，可分为普通文官、蓝领雇员、联邦执法部门等类型，其中，第一类的覆盖范围最广，56% 的国家的文官受此管理。它有 15 个等级，每个等级又分为 10 个档次，最低的与最高的相差 30%（见表 6 – 3）。同一等级内，从 1 档晋升到 10 档，大约需要 18 年。[③]

① 古丽加娜提著：《我国公务员薪酬激励机制研究》，中央民族大学 2011 年硕士学位论文，第 46 页。

② 刘碧强：《美国公务员薪酬制度及其启示》，《哈尔滨工业大学学报》（社会科学版）2011 年第 1 期。

③ 毛艾琳：《美国公务员工资调整机制及其启示——美国政府公务员与企业职工工资比较方法研究》，《四川行政学院学报》2014 年第 1 期。

表 6－3　2018 年美国普通文官序列的等级工资表

单位：美元

工资等级	工资档次 1	工资档次 2	工资档次 3	工资档次 4	工资档次 5	工资档次 6	工资档次 7	工资档次 8	工资档次 9	工资档次 10
1	18785	19414	20039	20660	21285	21650	22267	22891	22915	23502
2	21121	21624	22323	22915	23175	23857	24539	25221	25903	29957
3	23045	23813	24581	25349	26117	26885	27653	28421	29189	33629
4	25871	26733	27595	28457	29319	30181	31043	31905	32767	33629
5	28945	29910	30875	31840	32805	33770	34735	35700	36665	37630
6	32264	33339	34414	35489	36564	37639	38714	39789	40864	41939
7	35854	37049	38244	39439	40630	41829	43024	44219	45414	46609
8	39707	41031	42355	43679	45003	46327	47651	48975	50299	51623
9	43857	45319	46781	48243	49705	51167	52629	54091	55553	57015
10	48297	49907	51517	53127	54737	56347	57957	59567	61177	62787
11	53062	54831	56600	58369	60138	61907	63676	65445	67214	68983
12	63600	65720	67840	69960	72080	74200	76320	78440	80560	82680
13	75628	78149	80670	83191	85712	88233	90754	93275	95796	98317
14	89370	92349	95328	98307	101286	104265	107244	110223	113202	116181
15	105123	109627	112131	115635	119139	122643	126147	129651	133155	136659

资料来源：根据美国联邦人事管理署网站数据汇编。

普通文官实行年薪制，工资的晋级依据个人绩效水平及年限确定；高级文官则遵循“级随人走”的原则，除了较高的基本工资外，年度绩效出色者还享有高额的奖励。

此外，建立年度调整机制，保障文官的工资水平与经济增长水平相一致。

3. 津贴、奖金、福利、保险

它们都是文官收入的重要组成部分。

（1）加班津贴。每天工作超过 8 个小时，就可视为加班，并领取加班津贴，一般指夜班、周日加班和节假日加班3种类型。[①]

（2）奖金。分为普通文官和高级文官两种。

（3）福利。包括抚养子女、孩子上学和家庭等补助，年休假、家庭与医疗假、病假与出庭假、骨髓与器官捐赠假、紧急事件假、应征入伍假、无工资假等假期。

（4）保险。有健康、集体人寿和长期看护3种。

（二）考核激励

重在考察任务完成的数量、质量以及工作的适应能力，一般采用综合考核与年度考核的方式，被评为非常称职以上等级的文官，除了给予物质的和精神的奖励外，还可作为晋升的依据。需要指出的是，考核不是目的，而是一种约束或激励工作、发现人才的手段，有利于提高自身的水平。[②]

为了适应形势的发展，《1978年文官改革法》确立了考核指标与职类紧密联系、人事决定以考核为依据的基本原则。1993年颁行的《政府绩效和结果法》进一步增强了文官考核激励工作。

美国文官考核激励机制历经漫长的发展，从录用晋升为主体到逐步树立起工作效率的目标导向，基本形成了较为稳定的标准评分考核方法，成为激励文官的重要手段。

---

① 刘毅：《美国联邦政府公务员工资制度研究及启示》，《中国人力资源开发》2005年第11期。

② 洪兆平：《美日两国税务人才管理的基本实践及借鉴意义》，《扬州大学税务学院学报》2009年第3期。

（三）奖惩激励

1. 奖励措施

（1）对普通文官的奖励

比较简单，年终以现金的形式一次性支付，奖金额度由各部门和机构的负责人决定，一般不超过工资总额的10%；如果表现优秀，可提高至20%。[①]

设立功绩行政长官奖和杰出行政长官奖，前者覆盖的范围是一定时期内连续完成任务的文官，奖金1万美元；后者对表现突出的文官奖励2万美元，获奖人数控制在文官总数的1%以内；为一般行政职类序列13职等—15职等的主管专门提供绩效工资，金额与贡献大小成正比。

（2）对高级文官的奖励

一般有2种：

一是总统奖，分为杰出奖和一等奖，分别可以得到35%和20%的年薪作为一次性奖励。

二是绩效奖，通过各部门和机构的绩效评审委员会推荐，由其负责人决定，奖金为年薪的5%—20%。[②]

2. 惩罚措施

（1）对普通文官的惩罚

美国政府认为，最好的策略是预防，即采取所谓的

---

① 鲍晓娜、范晓男、闫红梅：《中美公务员薪酬制度对比研究》，《黑龙江对外经贸》2008年第5期。

② The U. S. Office of Personnel Management. Awards List of Performance Management. https://www. opm. gov/policy-data-oversight/performance-management/awards-list, 2019.

“提前警告”的方式，对工作业绩不佳者，在正式考核前3个月进行警告，给予其改进奋发的机会。具体会采取4个方面的措施：一是传达明确的绩效标准和期望，二是提供定期的和频繁的绩效反馈，三是通过一定的方法确认其表现良好，四是充分发挥试用期的作用。当然，如果违纪了，也会作出行政处分或司法惩罚，前者由主管部门和机构提起并处理，有警告、记过、扣薪、免职等9种类型；后者先通过司法机关审议并形成判处结果，再交有关方面执行。

（2）对高级文官的惩罚

可以采取以下措施：解雇或调动不称职的，解雇3年内总评等级2次低于完全称职的，解雇5年内总评等级2次为不称职的。如有异议，允许以歧视或考核程序不规范等理由向特别检察官委员会提起申诉，也可在解雇之日起的15日内请求功绩制保护委员会举行非正式的听证会。①

（四）晋升激励

就普通文官而言，主要有考试晋升和混合晋升两种途径。前者是指通过考试获得晋升的机会；后者则是指在糅合年功、工作业绩等因素的基础上，综合评判是否达到晋升要求。此外，还有委任晋升、工资级别晋升等。

《1978年文官改革法》使功绩考核与晋升制度的结合更加紧密，出现了功绩晋升制，即以工作成绩与贡献大小

---

① 方振邦、侯纯辉、陈曦：《美国联邦政府高级公务员绩效考核体系及借鉴》，《国家行政学院学报》2016年第2期。

为依据，对优秀者，晋升加薪；较好者，进行一般鼓励；普通者，保留其职务；低劣者，予以降职或免职。①

需特别指出的是，美国税务系统还存在一种越级晋升，对于部分业绩优秀、工作能力突出且有特殊贡献的文官，能够不受学历或年龄的限制，跨过考试环节，直接得到晋升。

在晋升过程中感到不公平时，可以向上级人事部门申诉。

（五）培训激励

一方面，通过硬性的规定，把培训教育当作职务晋升的一个重要条件，由此提升了它在激励管理中的地位，如《政府雇员培训法》强调，没有培训教育经历的就不能晋升。另一方面，是无形的激励作用，如果通过培训教育能够切实提高实际工作能力，进而增加晋升的可能性，文官就会自觉地报名参加。②

三、激励机制的主要特征

与不少国家相比，美国文官的激励机制具有如下特点：

（一）法制化程度较高

出台了比较系统的和可操作的法律法规，而且随着实践的变化不断地补充和修订，以确保激励的客观性、科学性和持续性。

---

① 韩秀景著：《公务员职业化塑造与养成》，上海三联书店 2013 年版，第 184 页。

② 余思：《美国公务员培训制度对我国的启示》，《商》2012 年第 19 期。

（二）注重物质激励

保持较优厚的待遇。人事管理署、行政管理和预算局以及劳工部每年都对私营企业的工资水平进行调查，然后与文官的对比，据此向国会和总统提出调整工资的建议。这些建议经国会批准后，由总统发布命令实施，确保中、低级文官的工资与同一地区私营企业雇员的大体相等。

（三）构建了较为全面的监督系统

这里不仅包含政府道德办公室、监察长办公室等内部机构的监督，还包含新闻媒体、社会公众的外部监督，以保障文官激励的公平公正。

（四）侧重对事情而不是对人的评价

将项目的完成情况与文官的职责、绩效紧密联系，作为激励的重要依据。

（五）强调激励的结果反馈

充分运用绩效评价结果，及时纠正不合理的负面导向。美国文官的维权意识较强，只要对奖惩有异议，就会通过合法的程序进行投诉并申请举行公开的听证会。①

第二节　保障体系

保障体系是稳定文官队伍的关键因素，如何从法律政策、职务常任、工资福利、退休制度、养老保险等方面建

---

①　徐芳芳、刘旭涛：《美国公务员绩效激励机制之经验借鉴》，《行政与法》2018 年第 7 期。

立全面的保障体系，一直是美国文官制度改革的重要内容。特别是职务常任、退休制度、养老保险，在稳定文官队伍上发挥了主要的作用。

一、职务常任

美国现代文官制度建立时就确立了职务常任原则，并出台一系列法律法规和行政令予以强化，如《1912 年劳埃德—拉福里特法》规定，没有正当理由，文官不得被解职、停薪和拒绝晋升；《1944 年退伍军人优待法》也赋予了文官这一权利；1974 年，理查德·尼克松总统签署 11787 号行政令，进一步改进了职务常任的有关政策；《1978 年文官改革法》不仅使文官行使该权利更加简单、有效和迅速，而且通过设立功绩制保护委员会给予组织保障。

职务常任使文官逐步演变成一个具有独立影响的群体，并开始重视自己的身份：不再代表个人，而是国家权力的象征，其社会地位也因此得到了前所未有的提高。①

二、退休制度

退休制度是保障文官权益的关键环节，起到了稳定、激励、更新文官队伍的重要作用。美国文官的退休制度建立较早，1920 年国会即通过了《文官退休法》，以后进行

---

① 石庆环著：《美国文官群体研究》，社会科学文献出版社 2011 年版，第 154—158 页。

过多次修改，如1978年3月就作了较大的调整。文官的退休方式有4种：自愿退休、强制退休、残病退休和延迟退休。退休金来源于4个方面：在职期间扣除6.5%的工资作为退休保险基金，所在部门和机构缴纳同等比例的费用作为福利基金，政府预算中的专款，以及上述3笔钱存入银行的利息。① 退休条件包括工龄、年龄与缴纳保险金的年限等，但是都比较灵活。

（一）自愿退休

资格取决于文官的年龄、可信赖的服务年限以及其他的特殊要求。如果符合以下条件，就有可能获得自愿退休的即时福利（离职30天内开始领取的直接年金）（见表6－4）。

表6－4　美国文官自愿退休的资格

退休类型	最低年龄	最低服务年限	特殊要求
自愿退休	62岁	5年	无
	60岁	20年	无
	最低退休年龄	30年	无
	最低退休年龄	10年	无(但文官年龄在62岁以下的，每年的年金减少5%)

资料来源：《联邦雇员退休金计划手册》。

如果满足以下条件，可以减少年龄：完成10年以上的服务，并且在最低退休年龄退休（见表6－5），则62岁以前的每个月的年金都会减少，每年减少5%。但是，如果完

① 姝琳、刘瑶：《美国的公务员制度及其启示》，《法制与社会》2014年第1期。

成了至少30年的服务，或者完成了超过20年的服务且从60岁开始领取，年金将不会减少。

表6－5　美国文官获得自愿退休资格的最低退休年龄

出生年份	最低退休年龄
1948年前	55岁
1948年	55岁2个月
1949年	55岁4个月
1950年	55岁6个月
1951年	55岁8个月
1952年	55岁10个月
1953—1964年	56岁
1965年	56岁2个月
1966年	56岁4个月
1967年	56岁6个月
1968年	56岁8个月
1969年	56岁10个月
1970年以后	57岁

资料来源：《联邦雇员退休金计划手册》。

（二）残病退休

文官必须满足以下所有条件才能获得残病退休资格：

1. 完成至少18个月的联邦文职服务，且在联邦文官退休计划下是可信的；

2. 因疾病或受伤而成为残疾人，丧失了工作能力；

3. 残疾至少持续1年；

4. 提供伤残医疗证明；

5. 在离职前后 1 年内提出申请（精神上有严重问题的人，无期限要求）；

6. 申请社会保障残疾福利。如果该申请因故被撤销，人事管理署将在接到社会保障管理局的通知后，驳回残病退休申请。

（三）强制退休

它是提前退休的特殊情况。

1. 如果部门和机构经历了重大重组、减员或职能转移，并且大部分文官将被辞退或减薪，其负责人可以要求人事管理署允许符合条件的提前退休。

2. 由于非自愿离职而导致的退休。非自愿离职指的是未经文官同意的离职，存在违法违规行为的除外。最常见的原因是部门和机构减员或转移到通勤区以外的地方。不服从工作安排而离职的，没有资格获得该退休方式的服务年金。

具体情况和基本要求见表 6－6。

表 6－6　美国文官强制退休的基本要求

<table>
<tr><th>退休类型</th><th>最低年龄</th><th>最低服务年限</th><th>特殊要求</th></tr>
<tr><td rowspan="4">强制退休</td><td>任何年龄</td><td>25 年</td><td rowspan="2">必须根据空中交通管制员、司法人员、消防员或军事储备技术人员的特殊规定退休</td></tr>
<tr><td>50 岁</td><td>20 年</td></tr>
<tr><td>任何年龄</td><td>25 年</td><td rowspan="2">人事管理署必须确定文官的主管部门和机构正在进行重大重组、减员或职能转移</td></tr>
<tr><td>50 岁</td><td>20 年</td></tr>
</table>

资料来源：《联邦雇员退休金计划手册》。

（四）延迟退休

如果是退休计划涵盖的前联邦文官，延期年金的获取应符合以下要求之一：

1. 完成至少 5 年的可信赖的文职服务，才有资格在达到 62 岁后获得。

2. 完成至少 10 年的可信赖的服务，包括 5 年的文职服务，才有资格在达到最低退休年龄（要求见表 30）后获得。

三、养老保险制度

（一）历史沿革

1. 萌芽时期

美国的养老保险起源于救济院对老年人的援助，此后有联邦政府对内战时期的军人及遗属提供的统一性资助。1929 年之前，只有少数州建立了非强制的、地方筹款的养老保险制度。文官的养老保险最早开始于 1850 年，一些大城市为教师和警察提供了养老金，并在 20 世纪的第一个 10 年里得到迅速发展。① 1911 年，马萨诸塞州建立了美国第一个文官养老保险计划，随后发展成为一种基于服务年限和退休前工资水平的待遇确定型养老保险。1920 年，《文官退休法》实施，将文官纳入统一的养老保险计划中，即文官退休金计划，他们每月拿出工资的 2.5% 用于缴费，

① 杜桂珍：《美国社会养老保险城乡一体化经验及启示》，《当代经济》2017 年第 15 期。

可获得退休前10年平均工资30%—60%的养老金。[①]

2. 形成时期

1875年，美国快递公司建立了第一个企业养老保险制度；到1930年，由企业出资设立的养老保险覆盖了约15%的工人。[②] 1935年8月，《社会保障法》获得国会通过，确立了雇主与工人共同缴费、养老金数额取决于退休前的累计工资收入的全国统一的社会养老保险制度。

令人遗憾的是，由于文官依旧执行《文官退休法》的规定，因此未加入社会养老保险计划。

3. 发展时期

1940年，养老金开始由社会保障局统一管理，按月支付；财政部每年补贴经社会保障局核准的各州的养老金缺口。1950年，社会养老保险制度扩大到未参加文官退休金计划的联邦和州的文官。1956年，美国形成了较为完整的社会养老保险计划。1967年，退休制度覆盖的州消防员加入。1981年12月，罗纳德·里根总统成立了由民主党和共和党人员参加的、以艾伦·格林斯潘为首的委员会，来解决社会养老保险资金短缺的问题；1983年，国会通过了该委员会提出的《社会保障法修正案》，将新增的文官全部纳入社会养老保险计划；制定渐进式延长退休年龄的改革政策，规定从2009年起，退休年龄每年延长2个月，2027年达到

---

① Robot L. Clark, Lee A., Craig and Jack W: A history of public sector pension in the U. S, University of Penn Press, 2003: p. 5.

② Achenbaum WA: Social security: visions and revisions, Cambridge University Press. Cambridge, 1986: p. 125.

67 岁。另外，对养老金之外有较高收入的老年人家庭征收福利税，并全部划入社会保障信托基金，这虽然削减了参保人的养老福利，但在短期内缓解了财政压力。

4. 改革时期

由经济增速放缓、人口老龄化以及文官和企业雇员养老保险双轨制带来的问题，迫使美国不得不改革社会养老保险制度。

一方面，开源节流。开源方面，1990 年，工资税①的缴纳比例提高到 12. 4%；调整福利税的征收形式，由现收现付改为预留积累；提高退休金税率，20% 最富有的养老金受益人的应税百分比从 50% 提高到 85%。节流方面，1990 年以后，文官的工作基点必须满 40 个，才能全额领取退休金，并对伤残等弱势群体的补助要求更严格。大幅削减养老金受益人的比例，实行精算调整，每提前 1 个月退休，减发 0. 56% 的养老金；提前 1 年的，减发 6. 72% 的养老金。62 岁之前退休，津贴将是标准的 70%；62 岁之后退休，可以得到奖励。另一方面，建立多支柱的养老保险制度，即 1987 年开始实施的联邦雇员退休金计划，联邦和州实现并轨，形成全国统筹的社会养老保险制度。注重发展

① 工资税也被称为联邦保险缴款法案税和自雇者缴款法案税，前者的纳税人为雇主（政府）和雇员（文官），征税对象是包括奖金、实物等在内的工资总额，税率 1990 年以来一直是 15. 3%，由雇主（政府）发放工资时代扣代缴；后者的纳税人为自雇人员，包括个体工商户、自由职业者等，征税对象是自雇者的纯收入，由个人申报纳税。两者都无税前扣除，但有最高应税收入限额（即社会保障工资基数），达不到的，以实际收入来计算纳税；超过的，则按最高应税收入限额计算纳税。国内收入局负责征收，筹集的资金纳入政府预算。

职业年金和个人储蓄养老保险，减轻了财政支出的压力，文官的养老保障状况得到进一步改善。

（二）基本内容

美国文官的养老保险制度由联邦和州—地方两个部分组成，分别覆盖了300多万名的联邦文官和近1300万名的州—地方文官，虽然包括32个退休金计划，但最重要的是文官退休金计划和联邦雇员退休金计划，覆盖了96%的联邦文官，前者的主体是1984年以前参加工作的联邦文官，而后者则囊括了1984年之后参加工作的联邦文官。其他的退休金计划是为联邦法院系统、外交系统、田纳西流域管理局、联邦储备银行等特殊部门和机构设立的，不具有代表性。此外，大部分州—地方都有针对文官的综合性退休计划，其中州级的就有88个。①

文官的养老保险制度既有共性，又有特殊性，是一个包括社会养老保险金、公共部门养老金、雇主养老金和个人退休账户养老金在内的多支柱的体系，主要有三大支柱：第一大支柱即社会养老保险，是针对所有文官的强制性计划（目前还有15个州的文官未加入）。第二大支柱即职业年金，指联邦、州—地方为文官提供的福利性的养老金计划。第三大支柱即个人储蓄养老保险，是由联邦政府提供税收优惠发起的、个人自愿参加的补充养老金计划。

1. 社会养老保险

全称老年、遗属、残疾保险，是全国性的，由政府发

① 张云野、刘婉华主编：《职业年金制度研究》，清华大学出版社2014年版，第63—64页。

起并组织实施，强制全社会成员参加，根据退休前的工资水平、年龄以及通货膨胀指数等确定额度。当文官失业、退休、残疾、死亡时，可每月领取。这也是捆绑式的复合养老保险，它不只为文官本人提供保障，其配偶（包括离异的配偶）、遗属、未成年子女、父母也能从中受益。

2. 职业年金

又称职业养老金，有广义与狭义之分。广义的是指文官养老保险体系的三大支柱，狭义的仅指第二大支柱。一般情况下，采用狭义的概念和范畴，包括待遇确定型计划和缴费确定型计划两类。①

（1）待遇确定型计划

首先，确定每月可享受的养老金数额，通常是退休前的一段时间内的平均工资。其次，根据基金的运营情况、年龄、服务年限等来计算联邦每年的缴费额，因此，政府要有足够的经费保障，如果投资收益较低，财政压力就会很大。当文官离职时，账户不能转移，但会保留，退休后可得到相匹配的养老金。其支付方式有 3 种：最终平均支付、职业平均支付和平稳给付。文官退休金计划和联邦雇员退休金计划都是待遇确定型计划，所不同的是，前者为部分累积的，后者是完全累积的；前者独立于社会养老保险之外，后者则将其纳入三大支柱中；前者要达到退休年龄后才能支取，后者允许达到最低退休年龄时提前支取。

---

① 张云野、刘婉华主编：《职业年金制度研究》，清华大学出版社 2014 年版，第 1—2 页。

（2）缴费确定型计划

政府和文官按事先确定的比例交钱，计入个人账户，退休后依据积累总额领取养老金。政府的缴费是固定的，也不承担风险，但必须提供一系列的理财产品供选择。文官决定投资方式，自担风险，如果投资的领域发展状况良好，就会获得更大的收益。个人账户可随调动转移，又可细分为利润分享、货币购买、节俭储蓄、股票红利、457 等计划。① 其中，比较有代表性的是以下两种：

一是节俭储蓄计划，它是给予税收延迟优惠的养老金储蓄投资计划，最大的优点是税前扣缴和纳税延迟。将部分工资存入退休账户，并可得到政府的配送缴费，减少当前的纳税总额，对高收入者尤为有利。账户上的权益完全由文官控制，如自主确定交多少钱、投资哪些领域、何时退休以及怎样获得等。该计划对文官退休金计划的成员更慷慨，实施的缴费办法也更有利。联邦雇员退休金计划覆盖的联邦文官均可参加。②

二是 457 计划，它是依据美国国税局第 457 号法典建立的一个长期的、延期补偿的职业年金计划。适用于两类人群，一类是文官、警察、消防员和一些教师，另一类是医院、慈善团体和工会等社会组织的雇员。③

---

① 田梦晓：《美国养老保险制度及其对我国的启示》，《经济论坛》2007 年第 14 期。

② 罗倩妮著：《美国公务员养老保障制度研究》，武汉科技大学 2009 年硕士学位论文，第 27 页。

③ 李西著：《我国机关事业单位退休制度改革路径研究——兼谈美国退休制度改革经验》，武汉科技大学 2012 年硕士学位论文，第 22 页。

3. 个人储蓄养老保险

属于个人自愿参加的养老金计划，是为了扩大经费来源，减轻国家和企业的负担。最具代表性的是个人退休账户，一直作为养老金的重要来源，分为传统的和罗斯的两种类型，前者根据 1974 年国会通过的《雇员退休收入保障法》建立，是税前优惠，即个人退休账户中的每一笔缴费和投资收益在提取之前均不予征税；后者由联邦议员威廉·罗斯命名并引入 1998 年的《纳税人税收减免法》建立，是税后优惠，即对进入个人退休账户中的每一笔费用征税，其中投资收益在账户开立 5 年后免税。因此，选择哪一种类型，取决于个人工作期间与退休时的税率差别。

具体内容和结构见图 6－2。

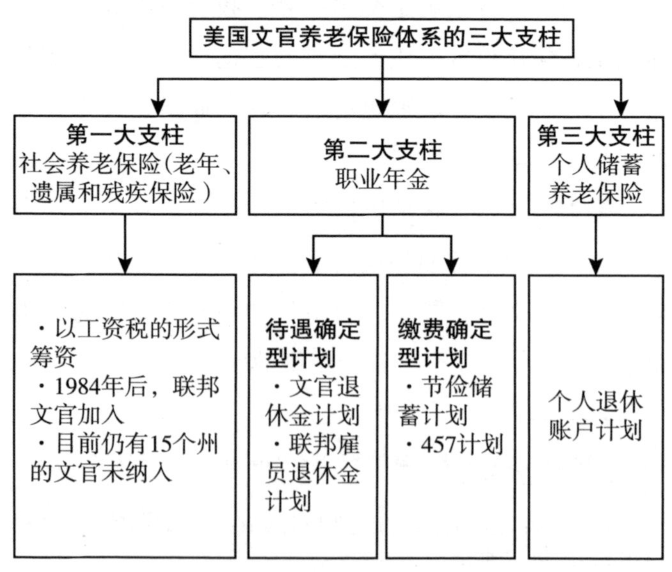

图 6－2　美国文官养老保险体系三大支柱的构成示意图

（三）筹资模式①

1. 社会养老保险的筹资模式

目前，美国社会养老保险基金面临越来越大的支付压力，为了筹集经费，工资税率已从 1937 年的 1% 提高到 1990 年的6. 2%，最高应税收入限额也由 1937 年的3000 美元增至 2019 年的 13. 29 万美元。同时，税务部门编制终生固定的社会保障号，几乎具有身份证的地位，被认为是美国养老保险制度的基石，它记录文官缴税所得到的积分；当变换工作时，可以接续；只要达到最低的积分标准，就可以享受退休福利。也可以不接续，如果停止缴费，积分将保留；再次缴费时，将继续累积，保证了纳税的连续性，避免了重复缴费。

截至 2018 年年底，美国社会养老保险基金结余 2. 895 万亿美元，较 2017 年年底仅增加 31 亿美元。2018 年，社会养老保险基金的收入构成是：缴费（以税代费）8851 亿美元，投资特别国债及银行存款利息收益 833 亿美元，退休金征税 350 亿美元；支出构成是：待遇给付 9886 亿美元，基金管理费 67 亿美元，铁路退休给付调剂 49 亿美元。收支相抵后，净增加 32 亿美元。目前，文官社会养老保险的税率为 12. 4%，政府与文官各自负担 6. 2%（自 1990 年以来一直是这个比率）。不过，税前社

① 马凯旋、侯风云：《美国养老保险制度演进及其启示》，《山东大学学报》（哲学社会科学版）2014 年第 3 期。

会养老保险金的替代率[①]不足40%，这是一种低缴费、保基本的现收现付模式。[②]

2. 职业年金的筹资模式

（1）待遇确定型计划的筹资模式

文官缴纳工资的0.8%，政府负责投资并承担市场风险。为了与企业保持一致，国会要求该计划实行预拨款制度。

（2）缴费确定型计划的筹资模式

一是节俭储蓄计划的筹资模式，由政府和文官共同出资，政府的最低缴费数额相当于文官基本工资的1%，最高不超过5%（见表6－7）。

表6－7　节俭储蓄计划的缴费和配送比例

文官缴费比例	政府缴费比例		总缴费比例
	自动缴费比例	配送缴费比例	
0	1%	0	1%
1%	1%	1%	3%
2%	1%	2%	5%
3%	1%	3%	7%
4%	1%	3.5%	8.5%
5%	1%	4%	10%
6%—10%	1%	4%	5%加上文官的缴费百分比

资料来源：根据美国联邦退休金节俭投资委员会网站数据汇编。

① 税前养老保险金替代率，指缴税前的新退休文官的平均养老保险金与在职文官的平均工资的比率，美国分为税前社会养老、职业年金和个人储蓄养老3种类型保险金替代率，是衡量其退休前后生活保障水平差异的基本指标之一。2019年，美国税前社会养老保险金替代率为39.4%，数据来源于《养老金概览：经济合作与发展组织和二十国集团国家各项指标》。

② 参见美国社会保障局网站，https://www.ssa.gov/OACT/TR/2019/tr2019.pdf。

二是457计划的筹资模式。文官每年最多可缴纳工资总额的25%。同时，为50周岁以上的人提供了“追赶”计划。例如，2019年，最多可缴纳1.9万美元，如果达到50周岁，每年能够增加6000美元的额度，故其最高可缴费为2.5万美元（见表6-8）。由于是从税前工资中扣除，因此降低了纳税总额，提高了实际收入。①

表6-8　457计划的年度最高缴费额

年度	最高缴费额（美元）	50周岁以上可“追加”的缴费额（美元）	50周岁以上最高可缴纳的额度（美元）
2008	15500	5500	20500
2010	16500	5500	22000
2012	17000	5500	22500
2019	19000	6000	25000

资料来源：根据美国国税局网站数据汇编。

3. 个人储蓄养老保险的筹资模式

对于传统的个人退休账户计划，当年有应税收入并且不超过70.5岁的文官都可以参加，但超过70.5岁，就必须以最低限额从退休账户中提款。而罗斯个人退休账户计划的缴费既没有年龄限制，也没有最低限额的提款要求，只要应税收入达到11万美元，就可以全额缴费，标准与传统的一样；超过12.5万美元的，不能参加该计划；介于两者之间的，则必须降低缴费额。

① 李西著：《我国机关事业单位退休制度改革路径研究——兼谈美国退休制度改革经验》，武汉科技大学2012年硕士学位论文，第22页。

第七章　美国文官制度评述

在通常意义上，建设连续和稳定的政府、高效率的行政机构以及高素质的文官群体，是一个国家实现长治久安的重要基础。美国文官制度的发展经历了 3 个主要时期：一是以恩赐制和个人瞻徇制（1607—1829 年）以及政党分肥制（1829—1883 年）为特征的萌芽时期，这个时期文官的选用没有客观统一的标准，主要依据个人的出身、受教育程度以及党派属性。二是以竞争功绩制（1883—1978 年）为代表的现代文官制度的初步确立期，《彭德尔顿法》的颁布，标志美国现代文官制度的建立。三是《1978 年文官改革法》实施后的改革和演进期。

文官制度的不同发展阶段，折射出美国不同历史时期的发展状况、公共行政视角的转换以及阶层结构的变化。

第一节　常任文官是美国政府的基础和中坚

确立文官制度的 100 多年来，常任文官逐步成为美国政府的基础和中坚。

一、美国政府工作人员的"双重结构"

(一) 政务官

在美国联邦和州—地方政府中，由选举产生的以及领导人挑选的官员都属于政务官，主要是执政党骨干；总统等领导人就任之前周围的人，熟悉、信任的人；属于执政党的以前的高级官员；商界、大学和军队（如果是军人，必须退伍2年以上，否则需要国会特别批准）的著名人士等，标准为：与领导人具有共同的或相似的政治立场、政策理念和主张，忠诚以及履历和经验较为丰富。

每届联邦政府可以任命、更换4000名左右的高级官员，基本是司局级及以上的，如部长、副部长、助理部长（司局长）、副助理部长、驻外大使、白宫几乎所有官员、军队高级指挥人员等。联邦司法系统的法官退休或去世后，总统可以提名新的人选，经过参议院批准后任命。

政务官是美国政府核心的组成部分，即"高级"、高职位部分，或者说是领导部分，因为他们是领导者、决策者。联邦政府的决策是总统与这些人一起作出的，州—地方政府的决策模式大致相同。因此，政府的倾向、立场、决策，很大程度上取决于政务官。

政务官也可以从常任文官中产生，但数量极少，属于个别现象。每届联邦和州—地方政府中的副助理部长、助理部长、个别副部长，有时来源于在职的、从前的、退休的常任文官。

（二）常任文官

现任联邦政府 500 多万官员中，政务官的比重不到 0.1%，他们的流动性比较大，是相对短期的，与总统一起任职 4 年或者 8 年的非常少，这就决定了单靠他们无法履行政府的职责和实现政府的平衡、持续和稳定。

与此相反，常任文官占 99% 以上，他们弥补了政务官的短期性、流动性和专业上的不足，为政府决策提供了必不可少的知识和技能，保证了政府的稳定性和施政连续性。常任文官的主要职责是执行决策，虽然决策是少数人的行为，但落实需要所有官员的努力以及稳定、专业的队伍保障，而他们就是一支常规的专业力量。

常任文官最主要的特征是“常任性”，但在实践中，既不可能百分之百地做到，也得不到百分之百的保障，这是因为总统及其任命的政务官会想方设法地排挤走不喜欢、不认可、有重大不同意见的常任文官。

1. “鼓励”离职、提前退休等。实际上，美国历任政府曾多次通过撤销、缩小部门或机构，压缩经费等办法，减少工作岗位，迫使常任文官离职或提前退休，里根政府和特朗普政府就有过如此行为。

2. 调到不重要的岗位上去。比如，特朗普政府就将国防部和医疗卫生机构的一些官员调离了现在的岗位，因为前者在国会作证时发表了不利于总统的言论；后者则在抗击新冠肺炎疫情期间回答记者问题过程中说的话，与总统的“专业”知识和意见相左。这种做法虽然不合理但却合法。

二、双重结构的利弊

常任文官与政务官的双重结构是各国政府普遍存在的现象，只不过美国表现得更为突出。大部分国家的领导人更换后，各部门和机构的高级官员只调整一两位或几位，而美国则有数十位，从副助理部长（副司局长）、助理部长，到副部长、部长，几乎换了一遍。如此大规模的双重结构，既带来了一定的有利之处，也能产生明显的弊端。

（一）有利之处

1. 确保总统的政治理念、政策措施得到落实。在总统的领导下，各部门和机构能够贯彻其意图，从而增强政府的统一性、执行力。

2. 为政府补充了新鲜血液。常任文官长期在政府内部工作，容易养成循规蹈矩、按部就班、路径依赖的思维定式。而政务官来自于社会各界，引入了新的观念、主张、方法等，一定程度上也增添了活力，有助于破除常任文官的局限性和守旧性，进而打开政府运行的思路。

（二）存在的问题

1. 有退回到政治分肥制的趋势。即总统上任后会把高级职位作为礼品分配给忠诚、支持、跟随自己的人，但有些人并不具备这方面的资质和能力。众所周知，美国给予当选总统大额政治献金的人中，很多都能谋求到驻外大使（有 100 多个）的职位，而完全不去考虑他们是否了解驻在国的情况和国际事务，以及是否具备从事外交工作的任职要求等。

2. 限制、堵塞了常任文官的上升渠道。美国联邦各部门和机构的副助理部长（一般是 2 名—3 名）中，只留给常任文官 1 个名额，其他的都归政务官所有；能当上助理部长、副部长的常任文官属于极个别的情形，如 200 多个驻外大使（相当于助理部长、副助理部长）中，仅拿出几十个、最多百余个给资深的职业外交官；部长几乎没有从常任文官中选拔的。这就意味着，数百万联邦文官无论怎么努力和优秀、作出多大的贡献，注定进入不了最高级官员序列，从而极大地挫伤了他们工作的积极性和主动性。

第二节　美国文官制度经历了一个不断发展、演进的过程

文官制度的建立和发展与美国经济、社会、文化的变迁是分不开的。

一、19 世纪的经济社会发展对文官制度的影响

美国独立后的最初 50 多年时间里，因为政府规模较小且行政职能简单，采用个人瞻徇制，可以有效地避免不确定性，保障政府的高度集中统一，对于维护国家稳定具有重要作用。

19 世纪初期，美国政党政治快步发展，产生了现代资产阶级政党——民主党和共和党，它们很快就参与了政府的权力分配。总统和国会参议院中议席占多数的政党拥有

了任免官员的实权，其选举一般定期举行，因而政治力量的胜负难以预测，议会中的席位分配也常常发生重大变化，由此形成两党轮流执政的局面，官员也随之不断替换。[①] 美国此时的资本主义经济虽有发展，但总量小，因而政府干预经济社会的力度不大，职能较为简单，对文官的专业化程度和政策执行能力要求不高，加之自由主义思想盛行，政党分肥制便应运而生了。

19 世纪 60 年代开始的第二次工业革命，使美国逐步完成从传统农业向工业化的转变、由自由资本主义到垄断资本主义的过渡。快速的工业化、城市化带来的经济垄断、政治腐败和城市管理问题，不仅极大地影响了公众的日常生活，而且使政府管理面临严峻的挑战。市场失灵、社会冷漠消极、行政机构的低效率，更是广受诟病。这需要强有力的政府来进行管理和协调，现代文官制度的建立迫在眉睫，《彭德尔顿法》就是在如此特定的背景下产生的，“这场文官制度改革运动发生在美国由农业文明向工业文明转变的完成阶段，反映了工业文明时代社会的复杂化与高度有组织化、管理的科学化与系统化的历史性要求，其目标在于推动政府治理与社会发展相适应，是工业时代社会争取进一步民主化的历史趋势的一部分。”[②] 总之，美国现代文官制度满足了垄断资本主义发展的客观需要。

---

① 周敏凯著：《比较公务员制度》，复旦大学出版社 2015 年版，第 6 页。

② 李和中著：《比较公务员制度》，中共中央党校出版社 2003 年版，第 106—107 页。

二、19世纪末到20世纪上半叶的科技革命助推现代文官制度的演进

《彭德尔顿法》的出台，常任文官制和功绩制的广泛运用，虽然在一定程度上解决了政党分肥制带来的贪污腐化和政治动荡等问题，但没有将文官引入科学管理的轨道。

19世纪末20世纪初，美国垄断资本主义已居于主导地位，各垄断集团为了降低生产成本、实现垄断利润的最大化，投巨资于研发工作，客观上促进了科技革命的蓬勃发展，科技进步迫使企业管理逐步科学化，进而对服务它们的政府官员的管理也提出了系统化、标准化和计划化的要求。[①] 由此出现了以美国工程师弗雷德里克·泰勒命名的泰勒制，它通过追求合理化、实行计划化、坚持专业化、做到定量检测、达到标准化等做法，来为企业制定科学的管理原则与方法，让员工用最少的时间完成最高效率的工作。泰勒制出现后，不仅加速了工业界和商业界的现代化的治理进程，而且也引入到对文官的科学管理上来。

从那时起，职位被系统地分成若干类别，将各种工作区别开来，然后进行标准化分析，并对同一类别和等级的职位提出相同的要求，这就是后来职位分类制度的基础。又经过20多年的发展，美国国会最终通过了第一部比较成熟的职位分类法律——《1923年职位分类法》，提出了职

① 龚祥瑞著：《文官制度》，人民出版社1985年版，第90页。

类的概念、等级，统一了职类和职等的工资表，并确立了同工同酬原则。该法的通过被称为美国公共人事立法中的一个里程碑，不仅反映出功绩制在文官管理中的地位和作用，而且也集中体现了联邦文官科学化管理的特点。该法于 1949 年进行了修改和补充，由此形成了美国的现代职位分类制度。①

此后，政府开始加强对经济社会的全面干预，功能不断扩大。功绩制在文官的选拔录用中逐渐居于主导地位，文官管理进入了职业化的发展阶段，文官群体急速膨胀。

三、20 世纪后期以来的国际形势与现代文官制度的进一步改革

20 世纪 70 年代，第三次科技革命的推动力量已经明显减弱，进出口贸易额也创新低，美国的生产力水平相对下降且实体经济停滞不前。与此同时，工资福利的增长速度超过了劳动生产率，陷入了经济停滞与通货膨胀并存的困境。两次石油危机引发的强烈外部冲击，为平稳经济采取的减税政策导致财政赤字不断扩大，带来了一系列的政治与社会问题，成为第二次世界大战后美国最为艰难的时期之一。

为此，政府需要作出积极有效的回应。但是，一方面，

① 石庆环著:《美国文官群体研究》，社会科学文献出版社 2011 年版，第 9—10、17—19 页。

在美国当时的公共部门里面，传统的科层制[①]依然处于支配地位，行政体制刻板僵化，部门和机构臃肿低效，文官保守而又缺乏热情，仅仅通过管理方式的微小调整已经不能满足经济社会的发展需求，这就必须对已经实行近百年的文官制度进行再次改革。另一方面，公众普遍认为，正是由于国家的过度干预限制了经济社会发展的活力，引发了滞胀危机，因此需要对政府的作用及其与公众、社会之间的关系进行一场深刻的变革。

这一时期，效率驱动、小型化与分权化、改善公共服务成为文官制度改革的主要特征。首先从吉米·卡特总统任期内重组联邦政府并颁布《1978 年文官改革法》开始；其次到里根政府节省开支、减少干预、大规模裁撤部门和机构、缩小公共服务范围，引入私营部门的成功管理经验，施行集中的绩效管理和退休制度；再次到老布什政府建立全面质量管理制度，调整工资水平，颁布《举报人保护法》；最后到克林顿政府开展的“重塑政府”运动，放松管制、裁减文官、精简机构、实行绩效管理以及引入市场竞争机制。

进入 21 世纪以来，为适应经济全球化和信息化的快速发展，美国政府又对文官制度进行了相应的调整。小布什

---

① 所谓科层制，就是一种以规则为主体的行政管理制度，由德国社会学家、政治学家马克斯·韦伯提出，曾被西方国家认为是最有效率的组织形式，其特点是：管理人员分层分级行使职权，其权力来自相应的职务和职位；职责分明，实行考核制度；有一整套自上而下的办事程序和自下而上的反馈系统等。参见夏征农、陈至立主编：《辞海》，上海辞书出版社 2010 年版，第 1229 页。

总统上任以后，制定颁行“总统管理议程”改革方案，推进文官制度的现代化转型；通过实施灵活的政策和试验项目，朝着以人力资源战略管理为特点的方向改进文官制度。[①] 奥巴马政府时期，利用信息技术简化选拔录用流程。特朗普政府时期，更是严格控制联邦规模，减少政府规制，并将商业理念融入行政机构的改革中。

第三节　美国文官制度与公共行政管理

20 世纪早期的经济危机爆发之前，美国行政管理的主导思想是有限政府，即“政府是必要的祸害”“管得最少的政府就是最好的政府”。

经济危机的爆发，使得政府重新反思以往的管理方式，开始扩张政府职能，如加强对经济社会的干预（凯恩斯主义）、扩大公共服务供给规模等，这必然带来部门和机构的膨胀。伴随政府的机构改革和文官制度的推行，文官的专业性和行政组织的效率逐步得到重视。

一、对所谓的“政治中立”原则的抵制

《彭德尔顿法》将竞争考试、职务常任、所谓的“政治中立”确定为重要原则，这是首次将文官的选拔录用、升迁与政治“分离”，一定程度上限制了政治因素对行政的

---

① 吴志华：《发达国家公务员制度改革及其启示》，《国家行政学院学报》2008 年第 6 期。

渗透和影响，保证了文官群体的独立化和职业化。

100 多年来，所谓的“政治中立”原则总体上在联邦法规中得到了体现：常任文官可以有自己的政治和党派倾向、选举权，但在职期间不允许出席政党的活动；禁止参加竞选以及他人的助选、募捐等，否则必须离职；不得公开发表与政府不同的政治意见和主张等。总统和政府不得因政治倾向对其采取歧视性的态度和措施。

然而，基于美国政治体制确定的这项原则，实际上做不到完全地、彻底地保障和执行到位，这是因为：

（一）文官在履职中不可能没有政治倾向

人都有特定的价值观、理念和好恶，且与工作密不可分，因此，不可能真正保持“政治中立”。文官对不赞成、不认可的决定虽然必须执行，但可以不热情、不努力、不投入，敷衍了事，走过场，进而影响政策落实的效果。比如，唐纳德·特朗普就任总统后，就始终抱怨、指责联邦政府内存在着一个“深层国家”，意指联邦政府存在庞大的人群和力量对他作为总统不认可、不赞成。唐纳德·特朗普总统认为，多数常任文官倾向于民主党的价值观和政策，而不接受他及其共和党的领导、理念，表现在工作中，就是不支持、不配合，因此，他对联邦政府的认识和态度总是消极、怀疑、排斥，以至于迟迟不提名联邦高级官员，尽管这些人不是常任文官；不愿看政府内部的文件、报告，包括情报部门的情报等。

（二）层出不穷的政治泄密问题

无论是民主党掌权，还是共和党执政，美国都会发生官员向媒体和社会泄露政府重要机密的问题，根本原因是常任文官（有时也包括政务官）不可能完全做到“政治中立”。他们由于价值观、政策倾向不同，或对总统和高级官员的不满和不认可，有意无意公开政府正在计划、酝酿中的政策措施；泄露政府已经决定或正在执行的政策措施的内部分歧、存在的问题；向外界透露政府内部的文件和总统及其高级官员的涉密言论与行为等，造成一些政策措施无法出台或不得不做出较大改变，使政府内部的分歧和问题曝光，使已出台的政策措施遇到更多的质疑和反对，导致总统和高级官员的名誉受损、执政地位下降等。

为了能够持续地获得政府的内部信息，媒体遵循的基本职业道德就是在没有得到许可授权之前，即使面对法庭审问或者被判刑，也绝对不会公开泄密者的资料。而美国司法系统一直坚守宪法修正案关于言论自由的规定，倾向于保护泄密者的隐私和媒体的言论自由。因此，美国历任总统及政府都深恶痛绝，发誓要采取行动予以根治，但在控告媒体泄密、要求说出泄密者的案件中，如越南战争时期国防部控告媒体泄露“五角大楼文件”的案件、特朗普政府时期的几次泄密案件等，至今几乎没有赢过，也就谈不上杜绝了。

二、传统行政管理模式的衰落与“新公共管理”运动的兴起

19 世纪末期至 20 世纪 70 年代，传统公共行政学理论一直在行政管理的理论与实践中占据主导地位，澳大利亚莫纳什大学公共管理学系教授欧文·休斯曾将其特点概括

如下：第一，政府组织应当根据科层制的原则来建立，运行的最佳方式就是严格坚持。第二，只能由政府来提供公共物品和服务。第三，政治活动（政策制定）与行政事务（政策执行）应当分开。政策和战略制定是政治家的工作，而行政只是执行命令的工具，文官在政治上应当保持所谓的“中立”。第四，行政是一种特殊的管理形式，应当由职业化文官来担任，他们可以为不同的政治领导人服务。① 该理论虽能满足工业社会对政府管理的要求，但却不能适应后工业化和信息化时期的发展。

面对公共服务职能不断扩张而财政收入锐减带来的压力，为了缓解社会矛盾，增加文官系统的活力，提升行政效率，重新树立威望，一场声势浩大的被称为“新公共管理”运动的政府改革浪潮在世界范围内兴起，这场运动倡导政府管理应当追求经济、效率和效益，深刻地影响了20 世纪末期美国公共部门的改革。

“新公共管理”运动的主要内容是：第一，公共部门和机构应当有明确的目标和使命。在内部实行职业化管理，即下放权限，让文官真正成为管理者，更多地参与决策，而不只是听命于他人的官僚。第二，对文官的工作要按照明确的绩效标准进行评估。注重效果或产出，并以此作为工资福利和晋升提拔的主要依据。第三，公共部门和机构要提高资源配置效率，重视预算和战略管理。第四，引入

---

① ［澳］欧文·E. 休斯著：《公共管理导论》（第四版），张成福、马子博等译，中国人民大学出版社 2015 年版，第 2 页。

市场机制，重视公众参与，回应公众诉求，提供多样化的公共服务。第五，重组规模庞大、臃肿的部门和机构，实行小型化、分散化管理。第六，引入竞争机制，用市场的力量改造政府。第七，引入效率机制，用私营部门的先进理念重塑公共部门和机构。①

尽管“新公共管理”运动对提高政府工作效率有明显的作用，但是也受到了一些人的质疑，他们认为，政府行政与企业管理有着本质的区别，难以确定单一的、纯粹的组织目标。该运动提倡的去除繁文缛节以及引入企业家精神的改革，导致政府大量删改或取消那些对提高工作效率没有帮助的法律法规，期望以此激发行政的活力。然而，以什么标准来取舍？哪些限制是为了保证组织的公共性而不能逾越的？这都需要认真甄别。因此，不能急于用企业管理的方式再造政府的运作流程，而应当寻找到符合公共行政自身实际的运转体系。②

三、政治行政二分法的认可度不断降低

20 世纪中后期以来，政治行政二分法的观点也受到了挑战和质疑。一方面，从个体视角来看，文官既是政策的执行者，又扮演了制定者的角色，难以做到实质意义上的“政治中立”。由于公共事务的复杂性，因此单凭政府提供

---

① 陈振明：《评西方的“新公共管理”范式》，《中国社会科学》2000 年第 6 期。

② 何艳玲著：《公共行政学史》，中国人民大学出版社 2018 年版，第 141—142 页。

是远远不够的，而各种合同的或临时的雇用方式的出现，打破了文官终身受雇用的传统观念，绩效评估成为报酬的主要依据。另一方面，从组织视角来看，那种单纯强调对人进行控制的传统人事管理模式，需要向注重人才培养、积累人力资本的模式转变。由于在部门和机构的工作中很难严格地区分政治活动与行政事务，因此，政治行政二分法也就无从谈起。

伴随《1978 年文官改革法》的颁布，美国开始部分摒弃原先将政治从行政中分离出去的传统主张，强调行政不回避政治，在政务官与普通文官之间设置了高级文官，充当承上启下的角色，既重视政府的政治回应性，又重视技术回应性。①

20 世纪后期以来，美国总统花费了很大的精力重新控制官僚体系，如理查德·尼克松总统曾试图通过行政命令来控制部门和机构，这就导致职业文官政治化的趋势越来越明显。正如美国普林斯顿大学政治学教授埃兹拉·苏莱曼所说，只有美国实施了如此雄心勃勃的公共部门改革，政府试图为其政治化的优势进行辩护，以责任性、信赖性和回应性作为改革的依据，以部门和机构需要创新、活力以及回应公众诉求作为借口。事实上，所有这一切都可以通过有能力的职业文官来完成，并不需要建立政治化的官僚部门和机器。在崇尚理性主义和企业式管理的背后，体

① 宋立言、卢丹、龙宁丽：《美国文官制度的变革与思考》，《公共管理学报》2010 年第 1 期。

现了政府渴望重新控制文官的野心，而这种政治化倾向，容易造成文官群体的士气低落并出现离职现象。①

此后，由于需要解决的如环境污染、难民、粮食短缺等复杂化的、全球性的公共问题，已经超越了传统政府的管理边界和行政能力，因此，主张多元主体参与的治理理论逐渐成为公共行政学的研究重点，而 21 世纪以来美国文官制度的调整也反映了这种趋势。

综上所述，美国文官制度和文官职责的发展演变，既是其政治制度和社会变迁的一个缩影，也是行政管理学科发展进步的具体表现。

第四节　具有政治与社会双重属性的文官群体

庞大的文官群体已经成为美国社会不可忽视的“新式中产阶级”，由此反映出的美国历史变迁和社会分层问题，不论从政治学还是社会学的视角，都值得深入研究。

第二次世界大战之后，伴随美国超级大国地位的确立、国内经济结构的调整、社会分工的变化以及利益的多元化发展，其阶级结构和社会分层也在悄然发生变化，从以中小土地所有者、自由职业者和中小企业家为主体的“老式中产阶级”，逐步过渡到以技术白领和文官群体为主体的“新式中产阶级”，主要包括：高等教育普及化形成的高学

① 谭融：《西方国家官僚制的比较研究》，《经济社会体制比较》2014 年第 5 期。

历白领雇员、具备某一领域知识技能的专业人士（如医生、律师、大学教授等）、科技革命造就的人才以及伴随政府权力和职能的扩张而产生的文官群体。

文官群体能逐渐成为美国中产阶级的根本原因是，一方面，在三权分立的政治体制下，当总统、国会、最高法院之间出现意见分歧时，文官群体就会成为他们竞相拉拢的对象，以牵制和平衡对方的权力。因此，其社会地位显著增长。另一方面，伴随经济社会的快速发展，面对日益复杂的公共管理诉求，使得具备某一领域专业知识技能、熟悉国家管理和政府工作流程、了解社会需求的文官群体尤其是高级文官群体，在国家治理中发挥了不可替代的作用。进入20世纪以后，文官群体对政府权力的掌握程度，已使许多美国人认为，职业文官才是真正的联邦政府。①

第一，从经济地位来看，文官群体已经跻身社会的中等收入阶层。不同于其他群体可能面对的职业转换与流动以及工资不稳定的情况，文官制度建立初期，虽然联邦政府并没有建立独立和统一的工资制度，但其标准一般是由各部门和机构依据相关的法律法规来制定的。② 19世纪末期，常任文官制度的确立，给予文官群体制度性的保障，确保他们在收入上的稳定性。③

---

① Edward Sidlow, etal., American at Odds, Belmont, Wadsworth/Thomson Learning, 2002: p. 234.

② 石庆环：《19世纪末和20世纪初美国“新式中产阶级”形成时期的文官群体》，《史学集刊》2011年第1期。

③ Cindy Sondik Aron, Ladies and Gentlemen of the Civil Service: Middle-Class Workers in Victorian America, Oxford University Press, 1987: p. 20.

20世纪以来，为了保障文官的工资待遇，吸引优秀的人才从事公共服务工作，美国出台了一系列法律，如《公平劳动标准法》《联邦政府雇员工资法条例》《联邦工资可比性法》等，逐步统一、规范、提升了文官的工资待遇。在此基础上，20世纪中期，国会立法建立起文官奖励制度，并很快延伸到州—地方政府。20世纪末到21世纪初，克林顿政府掀起的“重塑政府”运动，形成了传统或常规结构加弹性政策并辅之以奖励措施的多元化工资制度。[①] 之后的历届政府也为保障文官收入作出了各种努力。

第二，从受教育程度来看，文官群体大多家庭背景良好，接受过高等教育，具备较好的知识积累。据某学者对20世纪30年代美国联邦政府180名高级文官的抽样调查发现，他们父辈的职业是农场主的有52人，占比29%；是专业技术人员的有51人，占比28.3%；是小企业所有者的有34人，占比18.9%；是手工技艺者的有16人，占比8.9%；是大企业所有者的有13人，占比7.2%；是高级文官的有6人，占比3.3%。[②]

20世纪中后期以来，美国文官的受教育程度更是显著提升，获得名牌大学学历甚至硕士、博士学位的不在少数，出现了文官群体追求学历与中产阶级家庭积极谋求官职并存的现象，这也对普通公众产生了积极的影响，教育不仅

① 吴志华著：《美国公务员制度的改革与转型》，上海交通大学出版社2006年版，第111页。

② 石庆环：《19世纪末和20世纪初美国“新式中产阶级”形成时期的文官群体》，《史学集刊》2011年第1期。

是身份和地位的象征，而且是实现职业选择、改变个人命运的一个可行方案。

第三，从政治影响来看，文官群体不仅在政策执行环节具有一定的自由裁量权，而且在议程设置等政策制定过程中也扮演了重要的角色。他们通过出席国会听证会陈述己见，参与立法；借助符合法律规定的院外活动向国会施加影响；直接撰写提案作为决策的依据；以提供信息和资料的方式影响决策者的关注重点和备选方案。由于国会的授权，文官能够在管理公众、工会、商业甚至州—地方政府的活动中，颁布规章条例和制定相应的政策。[①] 他们提出的观点、修改意见，能改变并形成立法。[②]

第四，从价值观来看，文官群体超越了以往仅追求个人得失的限制，组织的共同使命和成员的一致利益开始作为目标，并逐渐形成了一套特有的文化认同与价值观念。由于文官的选用和考核的标准是公开化的、制度化的，因此，通过个人努力获取、掌握和行使这种职业权力来实现政治抱负，是他们的价值诉求。这既不同于以往信奉占有财产和自由竞争的“老式中产阶级”的价值观，也不同于其他“新式中产阶级”基于收入多少来进行的身份认同，而是一种兼具权力地位与知识技术的群体价值观。[③]

---

① 石庆环：《文官群体地位的提升与战后美国中产阶级构成的变化》，《史学理论研究》2009 年第 3 期。

② ［美］希尔斯曼著：《美国是如何治理的》，曹大鹏译，商务印书馆 1986 年版，第 220 页。

③ 石庆环：《19 世纪末和 20 世纪初美国“新式中产阶级”形成时期的文官群体》，《史学集刊》2011 年第 1 期。

第五，从社会地位来看，文官群体是政府政策的协调者和利益集团间的仲裁者。与从事其他职业的中产阶级不同，他们通过掌握一定的政府资源而享有“对他人的权力”。[①] 他们的成长壮大促使美国的社会分层从传统的以财产为主逐渐转变为以职业为主，适应了现代化、信息化和国际化的快速发展。

总而言之，美国文官群体不仅是社会结构中一个具有广泛影响力的利益集团，还是连接政府与社会、国会以及其他的利益集团的重要纽带。通过参与政府议程设置和政策执行等方式，文官可以反映各种诉求，其观点和意见会受到公众的关注，有时也像国会议员一样被重视和拉拢。[②]

---

① ［美］C. 赖特·米尔斯著：《白领——美国的中产阶级》，杨小东等译，浙江人民出版社 1987 年版，第 264 页。

② 石庆环：《19 世纪末和 20 世纪初美国“新式中产阶级”形成时期的文官群体》，《史学集刊》2011 年第 1 期。

出版后记

习近平总书记2017年在中国共产党与世界政党高层对话会上的主旨讲话中指出："实现伟大梦想需要各方面智慧和力量。我们应该全方位、多层次、多角度集思广益，从实践中总结经验、寻找思路、升华思想、获取动力。"新时代发展和完善中国特色干部制度，也同样需要进一步放眼全球，拓宽视野。

国外文官制度是现代国家国体和政体的重要内容和组成部分，常任文官通常是各国政府中数量最多的工作人员，也是政府结构的基础和中坚。建立和发展满足履行职责所需要的文官队伍，是推进国家治理体系和治理能力现代化必不可少的制度建设使命。

当今世界近200个国家中，美国的历史较短。独立240多年来，其建立了包括文官制度在内的国家制度，并不断发展和试图完善。最初的100多年（1776—1883年），美国没有现代意义的文官制度。1883年国会通过的《调整与改革美国文官制度的法律》（又称《彭德尔顿法》），美国才开启了建立、发展、改革现代文官制度的历史进程。此后，美国国会和政府不断探索适合需要的文官制度，虽然取得了一定的进展，但是许多老问题还没来得及解决，却又出现了各种新问题。

本书以历史为主线，试图梳理、归纳、总结美国常任文官制度的建立、发展、演进以及取得的成果和存在的问题，介绍其选拔录用、绩效考核、培训教育、监管、激励保障等内容，多角度评述利弊得失，从而为我们作出正确判断提供较为丰富的数据资料和实践经验的借鉴。

本书由清华大学公共管理学院楚树龙教授和华中科技大学公共管理学院唐娜助理教授策划、统稿，并共同完成了第七章。其他撰写人的分工是：陈长，第一、二章；张舒波，第三、四章；王永灏，第五章；吉佐阿牛，第六章。

感谢清华大学、华中科技大学及其公共管理学院为本书写作提供的条件和支持。期望本书能给读者了解认识美国及其国家、政府和文官制度提供一些有意义的参考。

人梯书库编委会

2020 年 10 月

图书在版编目(CIP)数据

美国文官制度评介 / 楚树龙，唐娜编著. —北京 ：党建读物出版社，2020.10

(干部工作知识丛书)

党的干部工作读物基础工程

ISBN 978－7－5099－1350－5

Ⅰ.①美… Ⅱ.①楚… ②唐… Ⅲ.①文官制度—研究—美国 Ⅳ.①D771.29

中国版本图书馆 CIP 数据核字(2020)第 186534 号

美国文官制度评介

MEIGUO WENGUAN ZHIDU PINGJIE

楚树龙　唐娜　编著

总 策 划： 萧曙
责任编辑： 谢洪波
责任校对： 张学民
篆刻设计： 官明
封面设计： 春天・书装工作室
出版发行： 党建读物出版社
地　　址： 北京市西城区西长安街 80 号东楼（邮编:100815）
网　　址： http://www.djcb71.com
电　　话： 010－58589989/9947
经　　销： 新华书店
印　　刷： 北京中科印刷有限公司

2020 年 10 月第 1 版　2020 年 10 月第 1 次印刷

880 毫米×1230 毫米　32 开本　6.75 印张　134 千字

ISBN 978－7－5099－1350－5　定价：24.00 元
